苏州教育信息化
Suzhou Educational Informatization

WISE SUCCESS

◎ 苏州市电化教育馆 编

苏州大学出版社
Soochow University Press

图书在版编目(CIP)数据

慧成：苏州教育信息化 / 苏州市电化教育馆编. -- 苏州：苏州大学出版社, 2022.12
ISBN 978-7-5672-4076-6

Ⅰ.①慧… Ⅱ.①苏… Ⅲ.①教育工作－信息化－研究－苏州 Ⅳ.① G43

中国版本图书馆 CIP 数据核字 (2022) 第 230605 号

责任编辑：孙腊梅
助理编辑：杨　冉
装帧设计：吴　钰

书　　名：	慧成：苏州教育信息化 HUICHENG:SUZHOU JIAOYU XINXIHUA
编　　者：	苏州市电化教育馆
出版发行：	苏州大学出版社（Soochow University Press）
社　　址：	苏州市十梓街 1 号　邮编：215006
出 版 人：	盛惠良
印　　刷：	苏州市深广印刷有限公司
开　　本：	787 mm×1 092 mm　1/16
印　　张：	13.75
插　　页：	1
字　　数：	251 千
版　　次：	2022 年 12 月 第 1 版
印　　次：	2022 年 12 月第 1 次印刷
书　　号：	ISBN 978-7-5672-4076-6
定　　价：	30.00 元

图书若有印装错误，本社负责调换。服务热线：0512-67481020
苏州大学出版社网址　http://www.sudapress.com
苏州大学出版社邮箱　sdcbs@suda.edu.cn

《慧成：苏州教育信息化》编委会

委　员
（按姓氏笔画排序）

王云峰　　王润清　　王嵇春　　华　露　　孙建荣　　严喜春
肖年志　　张　卉　　张　辉　　张兰娟　　张锐军　　罗　星
赵　鸣　　俞　伽　　顾瑞华　　唐　玮　　曹海榕　　龚宇丰
薛　峰

编　务
（按姓氏笔画排序）

王　颖　　王建梅　　吕晓棠　　华　露　　宋家林　　周红涛
姚丽影　　耿艺匀

目 录

周迎春网络名师工作室
周迎春：用精彩纷呈的活动搭建青年教师成长的平台 …………… 杜　伟（003）
非编程类课程的信息技术课堂有效培养学生计算思维能力………… 钱晓峰（005）
　　——以"插入表格"一课教学为例
浅谈小学开展人工智能教学的探索与能力 ………………………… 周晓明（010）

钱亚萍网络名师工作室
音乐学科"云"上"孵化"协作共享优质资源 …………………… 杜　伟（016）
追"YUE"，我们一起奔跑 ……………………………… 钱亚萍　顾玲玲（018）
　　——记江苏省钱亚萍网络名师工作室

王水丽网络名师工作室
"双线融合、优教优学"引领百名教师共谋网络教育发展 ………… 杜　伟（027）
教师教与研的有效打开方式 ………………………………………… 钱影影（029）

丁银杰网络名师工作室
丁银杰：500名数学教师探索信息化和数学教学
　　融合之路的引领者 ……………………………………………… 杜　伟（036）
给孩子们插上技术的翅膀 …………………………………………… 丁银杰（038）

徐瑛网络名师工作室
徐瑛与"会说话"的语文：在网络环境下构建教育的美好生态 ……… 卜雪梅（044）
线上、线下融合，提升学生语文自学能力的探索 ………………… 王恺恒（046）
　　——以小学高年级为例

张忠艳网络名师工作室
打造具有本土特色、可常态化的STEM课程教学 ………………… 王　越（055）
5C核心素养下STEM未来实验室及课程建设 ……………………… 张忠艳（057）
信息技术环境下STEM教育探究 …………………………………… 顾唯一（063）

施黎伟网络名师工作室
用"一群人的智慧"助力智慧校园 ………………………………… 彭　飒（069）
复合数据驱动下的数学教学模式实践和探索 ……………………… 钱　量（071）
线上教育驱动线下高中新教学模式的探索实践 …………………… 施黎伟（081）
　　——以苏州市第三中学校构建精品校本资源库为例

夏敏网络名师工作室
技术赋能科学课堂　有趣又有意义 ………………………………… 彭　飒（094）
信息技术，带我领略"美丽的风景" ……………………………… 夏　敏（096）
运用信息技术提高小学科学课堂教学的实效探究 ………………… 韩神娇（100）

刘鸣家网络名师工作室

刘鸣家与他的信息技术：是教师而非工程师　信息素养的培育当立"C位"……卜雪梅（106）
面向智力障碍学生的STEM课程课堂教学设计探索实践……………………周正豪（108）
"STEM+"视野下的小学人工智能教学活动实践研究……………………沈怡桑（113）

李兴网络名师工作室

"创新实验"让物理教学精彩纷呈……………………………………………王　越（120）
例谈微课在高中物理复习中的应用…………………………………………沈　磊（122）
智慧课堂架构下的教学设计…………………………………………………李　兴（128）
　　　——以"探究自由落体运动的规律"为例

罗常春网络名师工作室

抱团发展发挥团队力量　践行数学思想………………………………………彭　飒（138）
"互联网+"背景下小学数学项目化教学案例探讨……………………………罗常春（140）

马莉莉网络名师工作室

基于网络名师工作室的协同教研策略探索……………………………………马莉莉（146）
探索高中生网课效率的提高对策………………………………………………邱晓华（151）
　　　——以生物教学在"无线宝"教学平台的应用为例

曹会网络名师工作室

"四主"教学模式　让学生成为问题解决者……………………………………陈　超（157）
微课程教学法在高中物理教学中的实践探索……………………徐新兵　张志岩（159）
　　　——以高三一轮复习"闭合电路欧姆定律"为例

查德清网络名师工作室

"技术赋能　大家同行"让教育之路越走越宽…………………………………杜　伟（169）
互联网时代"一师一优课，一课一名师"平台的应用…………………………王莉红（171）
教学媒体技术巧促道法有效课堂………………………………………………徐旎虹（175）
巧用微课构建智慧课堂，促进学生深度学习…………………………………臧美凤（178）

冯伟网络名师工作室

优化信息技术工具　助力日常教研……………………………………………王　越（185）
"双减"环境下利用微视频提高学习效率的探索………………………………徐敬华（187）
命题借模型　磨题用画板………………………………………………………冯　伟（193）
　　　——例谈利用几何画板命题

杨军网络名师工作室

杨军与机器人教育：网络给科技教育插上翅膀………………………………卜雪梅（202）
新课改背景下小学信息技术教育的改革与创新………………………………庄　成（204）
智能机器人软件在小学编程教学中的作用……………………………………杨明晔（209）

网络名师工作室 周迎春

领衔人简介

周迎春，江苏省特级教师，正高级教师，江苏省首批中小学网络名师工作室领衔人，江苏省第五届乡村骨干教师培育站领衔人，江苏省教育科研先进个人，江苏省教育信息化专家库成员，苏州市吴江区鲈乡实验小学副校长，苏州市小学信息技术学科带头人，苏州市STEM教育专家库成员，苏州市名教师，苏州市第四、五届乡村骨干教师培育站导师，吴江区教育领军人才，吴江区劳模和工匠人才创新工作室主持人，吴江区小学信息技术名师工作室主持人，江苏省优秀中小学科技辅导员，江苏省青少年人工智能专业委员会委员，中国教育技术协会创新教育实践工作委员会专委会委员。

多年来一直致力于平民化、本土化STEM课程及AI课程的创建研究，2018年获得苏州市教育教学成果一等奖。先后在《人民教育》《基础教育参考》《中小学信息技术教育》《中国信息技术教育》等杂志发表50余篇论文，已正式出版的主要著作有《面向STEM的Scratch创新课程》《面向STEM的mBlock智能机器人创新课程》《基于项目的STEM课程群的构建实践与思维训练》《AI机器人创意搭建与mBlock 5慧编程》等。

工作室介绍

　　江苏省周迎春网络名师工作室成员总数已达183人，工作室核心组的15位教师中有10位是市学科带头人，其中相当一部分市学科带头人还有自己的工作室团队，涉及的城市有无锡、镇江、南京、苏州等，随着工作室影响力的提升，目前成员人数还在持续增长中。工作室活动组织跨域联动，多维度地促进教师专业素养的提升；资源积累注重原创，着力构建信息技术特色资源平台；借助课题研究引领，致力STEM教育、人工智能教育区域普及实施；实践探索创新，努力建构网络工作室活动新模式；重视阶段成果积累，线上、线下合力推进信息技术融合创新……两年来近40次的研修活动有效激发了区域信息技术教师的教研热情，推进了区域信息技术教学改革，STEM教育及AI教育取得了初步成效。在2021—2022年江苏省首批网络名师工作室考核中获得优秀。

周迎春：用精彩纷呈的活动搭建青年教师成长的平台

□ 苏州市电化教育馆　杜　伟

2020年10月，江苏省教育厅办公室公布首批42个江苏省中小学网络名师工作室名单，苏州4家工作室光荣上榜。由苏州市吴江区鲈乡实验小学副校长周迎春领衔的网络名师工作室就是其中之一。记者跟随周迎春来到了吴江区小学信息技术乡村骨干教师培育站的研修现场，全面了解了工作室助推全省小学信息技术教师专业成长的做法和作用。

课堂上，该网络名师工作室的成员充分发挥多媒体课件交互性强的特点，利用文本、绘画、图形、视频等多种信息资源，将信息技术与学科充分融合，向听课的人展示了一堂新颖、精彩的信息技术与学科融合示范课。学生们兴趣大增，积极参与课堂互动、合作探究，整堂课精彩纷呈。

示范课结束之后，周迎春立马组织教师们开展深入细致的研讨活动，教师们针对课堂情况，各抒己见，热烈讨论。在听取了开课教师及听课教师的课堂反馈之后，周迎春又对每堂课上的亮点与不足进行了点评，并诚恳地提出了合理化建议。周迎春还通过智能语音识别"芝麻开门"等一线教学的案例，向在场教师们展示了面向学生的人工智能的一线课堂到底应该教什么、怎么教，让现场的每位教师都深受启发。

在吴江区小学信息技术学科的圈子里，周迎春是圈内人心中的"大神级"人物。多年来他一直致力于STEM教育及人工智能教育研究。他不仅是江苏省特级教师，还是江苏省教育信息化专家库成员。据统计，周迎春已出版了5本书，发表了50余篇论文，开展了100余场讲座及公开课。

对于周迎春网络名师工作室的年轻教师田燕菲（苏州市吴江区盛泽小学教师）来说，

能够加入周迎春网络名师工作室是一件特别值得庆幸的事。田老师说，平时很难有机会听到周迎春副校长讲课，现在加入了他的工作室，不仅能近距离听他的课，而且能站在讲台上与他进行交流，这让她的课堂设计水平、信息技术运用能力都有了很大提升。除此之外，阅读周校长的著作及学术论文，也让她的专业理论知识得到了同步拓展。

田燕菲说："有机会加入周迎春网络名师工作室，其实对我们的个人发展来说既是一次宝贵的锤炼，也是一次提升自我技能的好机会。在周迎春网络名师工作室中，我们可以学到很多先进的教育教学方法和教学技巧。比如周校长平常会跟我们分享一些关于STEM或者3D打印的知识，这些在日常生活中我们是很少接触到的。学习这些先进的教育教学方法和教学技巧，对于我们个人的成长是有很大好处的。"

采访中记者发现，由周迎春领衔的网络名师工作室吸引了很多像田燕菲这样的年轻教师，他们看重的都是工作室所能提供的成长平台和展示平台。据周迎春介绍，工作室目前已经开展了多次不同规模的研讨活动。每场活动对于成员来说都是干货满满。

周迎春网络名师工作室成员吴敏娜说（苏州市吴江区程开甲小学教师）："作为上岗没多久的年轻教师，我们需要学习的地方真的很多。周迎春校长的网络名师工作室给年轻教师提供了一个非常好的学习平台。比如在平台网站上有许多精彩的课堂实录，我们可以在课后把它下载下来学习。听了周校长的几堂课，我发现他的一些创新想法在课堂上都得到了体现，我在想能否模仿他的这些方式，让自己的课堂也发生改变，让学生更喜欢。"

周迎春说："我们通过专家的评点、公开课的历练、同伴的思维碰撞，让成员们从中去感悟，去探讨，然后不断地去改进、更新自己的教学设计，并从中吸取一些有益的经验。"

工作室为信息技术学科的教师们搭建了一个实践教学理念、锻炼自己、展示才干、交流学习的平台，使他们在教育教学的实践中得到磨炼，这对提高教师的教育教学水平可以起到很大的促进作用。

周迎春还说："工作室的资源不求最多，但是一定要原创，要让信息技术教师进入网络名师工作室之后，不在海量的、具有重复性的资源当中迷失，而是可以找到一些值得借鉴的、个性化的、创新的案例，然后使他的教育教学工作得到一定程度的完善。假以时日，网络工作室的资源肯定会越来越丰富，成员们可以借助智慧云平台，达到同伴互助、共享资源，共同提高的目标。"

非编程类课程的信息技术课堂
有效培养学生计算思维能力
——以"插入表格"一课教学为例

□ 苏州市吴江区震泽实验小学　钱晓峰

【摘　要】教育部2014年印发的《关于全面深化课程改革落实立德树人根本任务的意见》中，首次提出"核心素养体系"概念。《中小学信息技术课程标准（实验）》中阐明了课程总目标是培养学生的信息素养，而在信息素养的四个维度中，培养、提升学生的计算思维能力在小学信息技术课程中显得尤为突出。现有的小学信息技术教学，往往在程序设计课程中注重学生计算思维的培养，而在教学非编程类课程时大多忽略了对学生计算思维的培养，如苏教版小学信息技术课程中WPS单元的教学，教师们大多没有有效地将教学内容与计算思维相融合。文章以笔者教授"插入表格"一课为例，通过巧设活动板书、巧设问题陷阱、顺势引导迭代等环节来培养、提升学生的计算思维能力。

【关键词】活动板书；计算思维；算法；抽象；迭代

2006年3月，周以真教授在美国计算机权威杂志 Communication of the ACM 上发表文章定义了计算思维（Computational Thinking）。2011年，她更新了计算思维的定义，包括算法、分解、抽象、概括和调试五个基本要素。计算思维是在人们理解事物、解决问题时，帮助其以计算机科学概念、逻辑、算法来理解、判断的一种思维方式。它和阅读、写作、计算一样，贯穿生活的细节，而且逐渐成为一种必备技能。它可以帮助学生巧妙解答课程学习中的各种难题,同时还能有效解决生活中的实际问题,因此,培养学生计算思维能力也就成了当下小学信息技术课程教学的重要维度。

一、巧设活动板书,培养学生抽象概括的计算思维能力

板书是课堂教学中最为常见的教学手段之一。在信息时代,传统板书的应用率呈逐步下降趋势,与多媒体板书相比,其有一定的局限性。在信息技术课堂教学中,板书更是可有可无。其实通过仔细研读教材与精心设计,让传统的课堂板书重新焕发生机,或许可以更好地帮助学生掌握学习的重难点。以"插入表格"一课教学为例,笔者先将课堂板书内容设定并划分成若干块,称其为"活动板书",然后将情景导入与活动板书相结合,让学生们眼前一亮,从而更有效地引导学生对具体的文本内容进行抽象概括,并以表格形式呈现。这个过程实践了周以真教授提出的计算思维中的抽象、概括这两个基本要素。

教学情景一:本课的导入部分,笔者提供给学生"千灯导游介绍"和"景点地图"文本材料,要求学生阅读后能以导游的身份规划一次旅游行程。考虑到学生的年龄特点,我们让学生自告奋勇地口述其旅游行程安排。笔者将学生口述的内容(提前制作好的活动板书)按学生说的顺序贴在黑板上(图1)。

教学情景二:请学生根据活动板书的内容进行归纳,目的是引导学生归纳出表头(图2)。

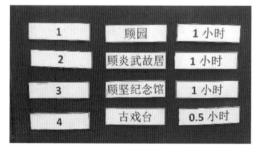 

图1 活动板书(1)　　　图2 活动板书(2)

教学情景三:当学生归纳完后,笔者对活动板书进行排列与整理,形成一张表格,学生见后恍然大悟。(图3)

教学情景四:笔者顺势引导,本课的重点"行""列""单元格"也已全部明了。单元格的概念尤为清晰,每一块活动板书就是一个单元格。(图4)

游览顺序	景点	游览时长
1	顾园	1小时
2	顾炎武故居	1小时
3	顾坚纪念馆	1小时
4	古戏台	0.5小时

图3 活动板书（3）

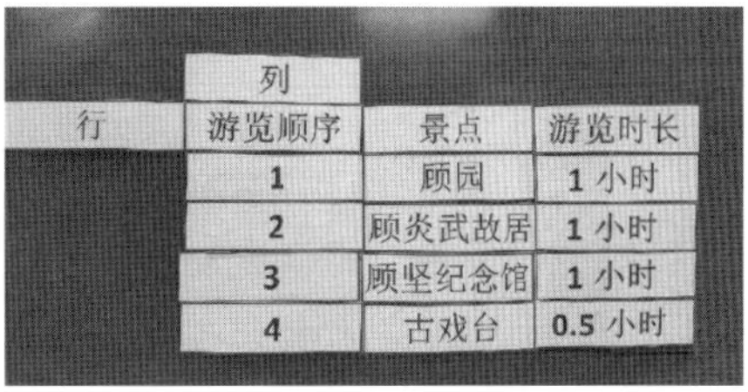

行	列		
	游览顺序	景点	游览时长
	1	顾园	1小时
	2	顾炎武故居	1小时
	3	顾坚纪念馆	1小时
	4	古戏台	0.5小时

图4 活动板书（4）

通过以上四个教学情景的层层推进，学生把具体的文字内容转换成了表格，这就是计算思维中概括、归纳、抽象的过程。这个过程与导入部分的过程是一致的。只是运用计算思维的过程没有应用到实际的程序编写上。计算思维的表述及其内化相当复杂，它所涉及的知识和思维模式还不能被小学生全面接受，因此，笔者通过这样的非编程课，巧妙设计活动板书，在培养学生计算思维能力的过程中做到层层推进，由浅入深，很清楚地做好各个知识点之间的连接和构架。这个学习过程让学生进一步明确了表格的意义。

这个环节学习的意义已经不只在于本课内容或行程表的制作，更使学生意识到在处理具体问题时，可以通过归纳重点，把要素通过概括、抽象处理，最后从表格的形式呈现，从而更直观地来分析问题，为解决问题提供依据。我想这也是这个教学环节设计的初衷。

二、巧设问题陷阱，引导学生建立计算思维意识解决实际问题

课堂情景：学生在完成基础表格后，笔者发现，学生设置的入园时间不合理，请学生重新思考。此时，学生才突然发现，设置的入园时间忽略了景点与景点之间的行程时间（表1）。随后，学生对表格进行了改进（表2）。

表1 景点游览顺序及时间安排表（1）

游览顺序	景点	入园时间	游览时长
1	顾园	9点	1小时
2	顾炎武故居	10点	1小时
3	顾坚纪念馆	11点	1小时
4	古戏台	12点	0.5小时

表2　景点游览顺序及时间安排表（2）

游览顺序	景点	入园时间	游览时长
1	顾园	9点	1小时
2	顾炎武故居	10点10分	1小时
3	顾坚纪念馆	11点20分	1小时
4	古戏台	12点25分	0.5小时

周以真教授曾说："计算思维将渗入我们每个人的生活之中，那时诸如算法和前提条件已成为每个人日常表述的一部分。"这个环节中已经提到了计算机编程中最为重要的算法，入园时间的设置就是算法的体现。计算机编程中的算法是需要一定数学知识与计算机编程基础的，针对小学生，我们更多的是让其体验与理解算法的意义。这个教学环节就是将计算思维中的算法概念与学生的实际生活相联系，让学生通过一个简单的数学问题来感受运用计算思维的重要性。

小学信息技术教学与中学不同，不只要在编程课中强调计算思维，而且要在合理引导下层层递进地帮助学生形成计算思维意识，并培养学生通过计算思维的方法来解决一些与生活、学习相关的实际问题的能力。这样做才能让学生学有所获，而不是被算法、抽象这类专业知识所吓退。信息技术教师要沉下心来，精心设计教学方案，让计算思维意识普及每个学生。

三、顺势迭代，提升学生计算思维能力

课堂情景：在学生掌握了表格的制作与修改技能后，笔者顺势让学生制作个性化的行程表，根据提供的"导游地图""景点介绍"等素材综合考量。笔者在布置任务时还提出，根据"导游地图"，将始末景点的选择、往返景点之间的出行方式等诸多因素纳入统筹规划，希望学生进行一次私人定制。经过学生的一番努力，课堂展示的表格设计各有特色。有的学生把始发地、到达第一个景点的时间与出行方式也纳入表格，整个表格中只要有一个单元格的内容发生变化，那么与之对应的单元格都将发生变化。由于出行方式有时是乘坐公交车，有时转换成乘坐观光车，所以往返时间也要重新进行规划。如此，学生设计的表格更具个性与合理性。

综上所述，这个环节是本课的拓展环节，也是重点部分。笔者布置的任务较为灵活，实施了分层教学的方法，学生可根据自己的认知条件与能力对表格进行规划与设计。学生可对原有表格进行迭代，充分考虑，统筹规划设计出一份较为细致的行程表。综合这个考量因素来改进表格的过程就是一个迭代的过程，学生可以体验到把有用信息转换成为有实际指导意义的行程表的乐趣，而且是由点到面，层层递进。学生会在不知不觉中提升计算思维能力，也能获得一种处理生活实际问题的方法。引用周以真教授的话来说，就是"计算思维通过分解、抽象、算法、调试、迭代及泛化，将一个复杂的问题分解成一个个可分析解决的小问题，然后分析这些问题的相互联系，并利用相应的代码和算法来建立模型，通过不断的调试和迭代来完善模型，最后通过学习解决这个问题的模型，给其他类似的问题提供思路和方法。"

通过本课实践，笔者将培养、提升学生计算思维能力贯穿整个教学过程，效果显著。与编程类课堂教学一样，非编程类的课堂教学中同样蕴含着大量的计算思维元素，但二者表现形式与程序设计有所不同，这就需要教师做一个有心人，钻研教材，善于重组，精心设计，将培养学生的计算思维能力更多地渗透到信息技术课堂中去。培养计算思维能力的意义在于让学生寻求解决问题的最佳方式。最后引用王蕾在《思维可见的信息技术教学法及实证案例》一书中所提出的观点：如果编程类课程的教学中，计算思维具有显性的思维特征的话，那么在非编程课程的教学中，计算思维就呈现出隐性的思维形式。

参考文献

[1] 周以真. 计算思维 [M] 中国科学技术协会学会学术部. 教育创新与创新人才培养. 北京：中国科学技术出版社，2007.

[2] 王蕾. 思维可见的信息技术教学法及实证案例 [M]. 南京：江苏凤凰科学技术出版社. 2020.

浅谈小学开展人工智能教学的探索与实践

□ 张家港市白鹿小学　周晓明

【摘　要】我们的学生正生活在一个人工智能随处可见的时代，他们感受着人工智能对生活的改变并对此充满着好奇，因此在小学阶段开展人工智能的教学是时代发展和科技进步的必然趋势。文章围绕学生对人工智能的感受、理解、应用三个维度，努力通过与生活密切相关的真实情景，让学生在轻松、愉快的学习氛围中理解概念、体会技术、收获成功。

【关键词】人工智能；人工智能教学

人工智能是当今社会的热点议题。习近平指出，人工智能是引领新一轮科技革命和产业变革的重要驱动力，正深刻改变着人们的生产、生活、学习方式，推动人类社会迎来人机协同、跨界融合、共创分享的智能时代。为此，培养大批具有创新能力和合作能力的高端人才，是教育的重要使命。正如中国工程院戴琼海院士在2021年全国中小学人工智能教育大会中指出的，我们培养的人才不仅能聚焦眼前、探索并攻克具体的技术难题，更能像"飞鸟"一般具有宽广的视野，用全面的眼光融合多个领域，做出突破性的原始创新。

我们的学生正生活在一个人工智能随处可见的时代，他们感受着人工智能对生活的改变并对此充满着好奇，因此在小学阶段开展人工智能的教学是时代发展和科技进步的必然趋势。但小学生年龄尚小，专业知识和技术方面还比较薄弱，人工智能这一大概念落实到课堂用什么来实现呢？如何让学生感悟和体会人工智能，了解相关知识、手段、思维方式及其带来的巨大影响，从而适应未来社会？针对上述问题笔者围绕学生对人工智能的感受、理解、应用三个维度，努力通过与生活密切相关的真实情景，让学生在轻松、愉快的学习氛围中理解人工智能概念、体会其技术并收获成功。

一、切身感受人工智能——基于AI开放平台开展学习体验

人工智能的学习应当建立在学生对人工智能的切实感受上，在学习体验中引发他们对人工智能的浓厚兴趣和深刻认知，使其充分发挥学习的自主性。为了避免缺少硬件对人工智能教学的各种制约，我们引导学生利用AI开放平台进行学习体验。在AI开放平台上，学生可以自由体验人工智能的语音识别、人脸识别、机器翻译等各种应用，在此基础上进一步分析各种功能对应的应用场景，如让学生感兴趣的百度AI开放平台人脸识别功能，它拥有人脸检测及属性分析能力，能快速检测图片中的人脸并标记出位置信息，展示人脸的150个关键点坐标及人脸属性信息。学生通过"功能演示"去体验人脸识别的神奇效果：能较准确地识别出人的年龄、性别等信息，还可以上传各自生活中的照片进行有针对性、个性化的实践体验；再如驾驶行为分析，针对车载场景，识别驾驶员使用手机、抽烟、不系安全带、未佩戴口罩、闭眼、打哈欠、双手离开方向盘等动作姿态，分析预警危险驾驶行为，提升行车安全性。

在了解各种AI的功能及其应用场景后，我们组织学生分小组讨论各种AI或者多种组合的应用案例。学生在交流中谈到了通过人工智能进行人脸对比寻找失踪儿童起到很大的作用；还有通过人脸识别技术和驾驶行为分析技术等可以自动监控出租车或者公交车司机的信息，从而确保行车的安全……在体验、思考、讨论后，学生感受到在各种场景中人工智能的价值，并形成自己对人工智能发展的看法，将体验感受上升到更为理性的层面和具体的实践层面。

二、深入理解人工智能——基于软件平台开展AI编程教学

编程教学的任务包括分析问题、分解问题、选择解决问题的方法、用计算机逻辑进行表达，在解决问题的过程中渗透算法思想，更全面地培养学生的信息素养和思维能力。我们组织学生通过学习图形化编程创作AI相关作品，如慧编程（一款面向STEAM教育领域的积木式编程和代码编程软件）利用各大AI开放平台的接口，集成了人工智能扩展模块中的积木，其中的"认知服务"模块可以帮助学生方便地运用语音识别、文字识别、图像识别、人脸识别等AI功能。学生在体验到软件中语音识别的神奇效果后，开始自动地联想生活中语音识别的使用场景，比如生活中和人工智能的对话，进而积极地在软件中模拟现实对应的效果，在对人工智能扩展模块的使用中，理解人工智能技术背后的逻辑和原理。

机器学习作为人工智能领域的一项核心技术，能让计算机像人类一样学习，从而获得知识与技能，这是无法直接用程序实现的。在软件中，学生使用训练模型，输入大量的数据，在它的内部建立起自己的逻辑，然后就可以进行判断。在实践中，学生发现识别错误的情况时常发生，通过分析了解到产生错误的原因有很多，包括样本不够多、拍摄照片不准确、角度不合理、背景太复杂等。在学习的过程中，学生能深刻地体会到大数据对于人工智能的作用。通过对各种案例的学习，学生既能更深入地了解各种场景应用的 AI 技术，又能了解各种人工智能表象下面蕴含着哪些基本原理，然后通过自己的实践探索去模拟、去创新。

三、灵活应用人工智能——基于创客思维开展 AI 创新项目研究

人工智能教学不仅要让学生体验和感知，更重要的是要培养学生的创新意识和创新思维，以及发现问题、解决问题的能力，全面提升学生的人工智能素养。为此，我们利用人工智能硬件开展了丰富多彩的创客项目活动。为了降低认知难度，项目活动的情景都是与生活实际相联系的，以解决生活实际问题为主，如创客社团开展的"垃圾分类遇上人工智能"的创客项目活动，是在真实的生活情景中产生的项目需求——解决低年级的小朋友在扔垃圾时不能准确分类的问题。在确定了项目主题后，学生按照惯例分成了程序设计组和外形设计组，两组协作开展项目活动。教师在网络平台中分享多元、丰富的学习资源，引导学生通过自主探究结合小组协作的学习方式开展项目研究活动，其中对 AI 原理的分析围绕项目中发散的问题进行，开放的思维与严谨的科学实践态度相结合，从而实现从感性经验自然过渡到理性经验。

经过方案的不断完善、作品的多次迭代，学生利用语音识别模块、扬声器模块、超声波模块、液晶屏模块等，结合自己喜欢的卡通造型，设计开发了可以实现人机对话的垃圾分类智能提示助手。而在此项目结束后，一部分学生又自发地开展了运用图像识别技术设计自动翻盖智能垃圾桶的活动……学生大胆创新，深入探究，并积极动手实践，创作者成为真正的享受者，在这个过程中，学生的知识面得以拓展，动手能力得以提高，创新能力得以培养。

四、小学人工智能教学反思

我们的人工智能教学正处于起步阶段，如何利用当前的应用场景和资源，创设适合学校、教师、学生开展的人工智能活动，并逐渐在活动中寻找与当前课程相适应且能够衔接的教学内容，同时开展具备时代性的人工智能教学，需要教师在提升自身意识和素养

的基础上，开展长期的人工智能教学研究和探索。

1. 正确定位小学人工智能教学

在小学实施人工智能教学的主要任务是基础教育，应侧重于培养学生对人工智能的正确认知，使其理解人工智能技术的应用场景，体验人工智能技术带来的变化，增强其科技向善的价值理念，要注重学生的全面和谐发展。为此，在教学中，要聚焦育人目标和适应学生的发展需求，从认识人工智能、体验人工智能到设计人工智能，我们应带领学生通过体验类、创作类活动，让他们感受到人工智能的学习既好玩又有意义，从而逐步提升他们的人工智能素养。

2. 积极应对人工智能教学中的困难

对于人工智能的教学，我们还处在摸索阶段。针对师资匮乏、软硬件资源欠缺等困难，在以后的教学中，为了让学生能更便捷、准确地获取知识，开展学习探究，我们将努力构建人工智能教育生态圈，通过制度规划，整合多方资源，从不同角度、不同维度构建 AI 学习环境，创设 AI 学习空间，搭建 AI 学习载体，并重视人工智能技术的价值引导，引导学生既能关注技术发展，又能关注其人文价值，从而学会积极并理性地用技术去探索世界。

网络名师工作室

钱亚萍

领衔人简介

　　钱亚萍，张家港市万红小学党支部书记、校长。中小学高级教师，江苏省首批中小学网络名师工作室领衔人，苏州市首届青年拔尖人才，苏州市音乐学科带头人。多次获省、市级评优课一等奖，执教省、市级公开课80多次，课堂实录先后收录于江苏省"教学新时空"和国家"人音教学资源平台"。主持并参与多项省、市级课题研究，在核心及省级期刊上发表论文50多篇。

工作室介绍

　　江苏省钱亚萍网络名师工作室构建了"专家指导团队""核心教师团队""成员教师团队"三位一体的运作模式。工作室以"技术融合、审美创新"为理念，聚焦课程与课堂教学改革，运用"江苏智慧教育云平台""江苏省城乡结对互动课堂""苏州线上教育中心"等载体，开设多节直播课，成功举办多次省、市级展示活动，不断扩大覆盖面和提升影响力，并组织成员远赴贵州铜仁支教。先后被江苏电视台、苏州教育电视台、张家港电视台等多家媒体报道。在"人音教学资源平台"面向全国推广课程。

音乐学科"云"上"孵化"协作共享优质资源

□ 苏州市电化教育馆　杜伟

2020年10月，江苏省教育厅办公室公布首批42个江苏省中小学网络名师工作室名单，苏州4家工作室光荣上榜，由张家港市万红小学的钱亚萍校长领衔的网络名师工作室是唯一以音乐学科名列其中的工作室。作为刚刚走进大家视野的网络名师工作室，它在教师成长中扮演着怎样的角色？记者带着疑问走进了张家港市万红小学钱亚萍校长的网络名师工作室。

说到张家港市万红小学，"信息技术"似乎成了这所学校的代名词。据钱亚萍校长介绍，2002年万红小学建校初就是苏州市信息化实验学校，2003年被评为苏州市信息化先进学校，并先后获得2016—2017年度江苏省基础教育教学改革重大项目"'互联网+'时代课堂教学范式研究"先进集体、苏州市信息化示范学校等荣誉。学校信息技术教育的明显特色优势，为工作室工作的有效开展提供了优质土壤和环境。

钱亚萍说："学校配备了平板电脑、智写笔等设备，全校有30个班级，其中12个班级参与'畅言智慧课堂'试点，1个班级参与'纸笔互动课堂'建设。学校利用平板电脑、智写笔等新设备积极开展'互联网+'环境下智慧课堂的教学研究；我们工作室除了江苏省智慧教育云平台外，还充分运用3套直播互动课堂设备开展空中教研活动。"

钱亚萍任教小学音乐学科26年来，一直深耕于教学一线，并践行"大视野、真体验"的教学主张。有了自身丰厚的条件，加上学校优质的资源，钱亚萍成功将江苏省首批网络名师工作室的头衔"收入囊中"。

采访中钱亚萍告诉记者，工作室以"技术融合、审美创新"为理念，聚焦课程与课堂教学改革，推进信息技术与音乐教育教学深度融合，全面提高教育教学质量，并逐步实现与江苏省内其他网络名师工作室的联动，推动城乡教师及对口支援薄弱地区教师共同研修，共享更多优质资源，形成多地共建的网络学习共同体，不断扩大覆盖面和提升影响力。

钱亚萍介绍说，工作室构建了"专家指导团队""核心教师团队""成员教师团队"三位一体的运作模式。"专家指导团队"有1名人民教育家培养对象、正高级教师，1名特级教师，4名教育技术装备室专家，6名市级及以上教研员。"核心教师团队"共有教师10多人，均为市级以上学科带头人。"成员教师团队"是工作室辐射服务的重要对象，由网络自荐形式实名申请的江苏省内一线教师或师范专业学生组成，目前共有来自全省各地的成员教师70多人。通过"名师引领、核心辐射、伙伴协作、资源共享"，加大对中青年教师的培养力度，努力促使其向更高层次发展。

从教20年的陈萍（张家港市万红小学教师），也是苏州市音乐学科带头人，她与钱亚萍相识有20余年了，两人也是师徒关系。当钱亚萍申报了网络名师工作室之后，作为老朋友和徒弟的她在第一时间加入了工作室，并成为"核心教师团队"的一员。

作为网络名师工作室成员，陈萍说："工作室不仅为我们提供了成长的平台、展示的平台，更在无形中对我们起到了督促与鞭策的作用，让我们时刻更新自己的教育理念，提高自己的专业素养。网络工作室也给我们提供了一个非常好的团队，大家在一起互相帮助，共同进步，我觉得这种氛围对于一线老师来说是非常有益的。我们在教学的时候也会依托各种网络信息技术的手段，来更好地提升我们的教学能力。"

与陈萍老师一样，张家港市白鹿小学的音乐老师周秋萍，多年前也是钱亚萍的徒弟，工作室成立之后，她也加入了其中。周秋萍说："钱校长是一位优秀的音乐老师，她有着独特的教学风格和教学魅力，我感觉她的音乐课堂是真正能够给孩子带来快乐的课堂。我相信在钱校长的引领下，我不仅能在教育教学水平上有所提高，而且也能在学术研究上及个人的修养上有所突破。"

未来，工作室将继续以江苏省中小学教学研究第十三期（2019年度）重点课题的子课题"'听·见中华'民族音乐特色课程建设"为抓手，以民族音乐教育为突破口，以"听"与"见"为主要路径，打通时空，激发少年儿童对中华民族音乐的热爱，从而达到以乐润人、以美育人的目标。

钱亚萍总结说，工作室将开展丰富而有效的活动，构建"主题研讨——课堂展示——教学沙龙"的教学研究模式，切实让工作室成为信息技术与教育教学融合创新的重要基地之一，成为优秀学科教师向往的研究场所之一，成为教师合作互动的"学习共同体"和"发展共同体"，成为信息技术教育教学能手的"孵化器"。

追"YUE",我们一起奔跑
——记江苏省钱亚萍网络名师工作室

□ 张家港市万红小学校长　钱亚萍
□ 张家港市万红小学教师　顾玲玲

教育,是一首歌。

教育的苍穹,因梦想的交织而霞光流溢,因共同的飞翔而广阔无垠。

2020年10月,江苏省教育厅办公室正式公布首批江苏省中小学网络名师工作室名单,钱亚萍网络名师工作室位列其中。一群脚踏实地、志同道合的小学音乐教育人因此而交集,在一次次相聚中,回顾、讲述、思辨……

一、凝心聚力,踏歌前行

1. 团队建设

为更好发挥工作室的示范引领作用,落实"技术融合、审美创新"的教学理念,推进信息技术与音乐教育教学的深度融合,有力带动青年教师的成长,钱亚萍网络名师工作室构建了"专家指导团队""核心教师团队""成员教师团队"三位一体的运作模式。"专家指导团队"师资力量雄厚,其中有1名人民教育家培养对象、正高级教师,1名特级教师,4名教育技术装备室专家,6名市级及以上教研员,他们在学科教学或教育信息化方面都有着丰富的经验,对工作室的发展和研究工作的开展起着重要的引领作用。"核心教师团队"共有教师10多人,均为市级以上学科带头人。他们致力于教育教学改革,具有开拓创新精神,在教育教学上成果显著。"成员教师团队"中主要是一线教师,他们以网络自荐形式实名申请加入,一年多来,成员教师由原来的几十人增加至一百多人。工作室是一个团结互助、集思广益的大家庭。名师工作室的启动充分发挥了名师的专业引领、带动、辐射作用，加速推动了青年教师专业的发展，以教师的专业成长带动音乐教育教学水平的提升。成员们以工作室为成长平台，充分发挥集体力量与智慧，积极促进自我专业发展，为共同打造工作室品牌、构建学习共同体而努力。

2. 有效规划

工作室的研究态度：重计划、细安排、做扎实。2020 年 10 月 22 日上午，工作室组织并召开核心成员会议。会上，成员们共同学习了《省教育厅关于印发江苏省中小学网络名师工作室管理办法的通知》，深入了解工作室成立理念、发展目标、项目课题、规划及愿景等，并明确划分核心成员的职责。创新与实践，存乎于值得颂扬的理想中，更存乎于细节中。吹响工作室集结号，这是核心成员们精心合奏的"交响乐"，更是他们异口同声的"设计诗"。2021 年 9 月，工作室核心成员再次齐聚，站在 2021 年新起点上共同规划梦想，眺望未来。活动中，大家认真学习工作室组织概况及愿景规划，明确每位成员的任务与职责，并详细了解工作室近期工作部署等。以心为本，以心为先，从心开始，工作室成员们的一次次交流碰撞记录着团队的努力和付出，也镌刻下团队的成长印记。这是一首播撒希望的春之赞歌，也是一段目标一致的成长之路，更是一曲默默耕耘的生命长歌。不执着于过去，也不幻想未来，走好当下的每一段路程，或许走着走着，花自盛放。

3. 理念引领

工作室以"技术融合、审美创新"为理念，聚焦课程与课堂教学改革，推进信息技术与音乐教育教学的深度融合。2020 年 12 月 4 日，苏州市首批江苏省网络名师工作室现场交流活动、基于技术融合的课堂学习新样态构建研讨活动在张家港市万红小学举行，江苏省电化教育馆副馆长金玉、苏州市电化教育馆馆长顾瑞华、张家港市教育局副局长朱治国出席活动。本次活动以"基于技术融合的课堂学习新样态构建研讨暨'听·见中华'民族音乐特色课程云展示"为主题 。会上，省、市领导发表了讲话，并为苏州市首批江苏省网络名师工作室授牌，为钱亚萍网络名师工作室指导专家颁发聘书。

4. 平台建设

工作室借力张家港市先进的信息化教育教学研究与应用成果，充分利用了"江苏省名师空中课堂""江苏智慧教育云平台""江苏省城乡结对互动课堂""苏州线上教育中心"等载体。截至目前，工作室开展了 8 次平台直播活动，其中 2021 年 3 月的教学研讨活动直播参与人数为 110 人，点播次数为 121 次。工作室特邀江苏省音乐教研员潘丽琴老师，进行了题为"核心素养下音乐教师教学'为何'与'何为'"的首次线上名师讲座，为工作室的研究奠定了基调，提供了方法，明确了路径。领衔人钱亚萍老师给大家做了"民族音乐进课堂"专题讲座。核心成员马文超老师做了题为"音乐简易编辑"的讲座。讲座通过"江苏智慧教育云平台"进行网络直播，工作室全体教师学习观摩，并于线上、线下分别进行了有效互动。工作室教师还将公开课、教育论文等优质资源放在平台上进行分享。

二、特色名片，听·见中华

工作室全体成员在潘丽琴老师的带领下，积极投身于江苏省中小学教学研究第十三期重点课题"'文化自信'视阈下中小学民族音乐传承的实践研究"的子课题"'听·见中华民族音乐特色课程建设"研究。"听"，音乐是听觉的艺术。通过多种形式的"听"，增加少年儿童对民族音乐的认识、了解，培养其鉴赏、审美能力等；"见"，运用可见的形式，丰富学校音乐教育的内涵。通过场景体验、文化熏陶等多种路径，培养"看得见"的音乐素养。"听·见中华"，以民族音乐教育为突破口，以"听"与"见"为主要路径，通过校本化形式，培养少年儿童对中华民族音乐的热爱情怀，从而达到以乐润人、以美育人的目的，培养具有民族根基、华夏情怀的"万小"学子。

2020年12月4日，"听·见中华"民族音乐特色课程云展示活动在张家港市万红小学举行。活动组织了快板说唱、苏州评弹、二胡独奏、古琴独奏等民族音乐雅集和节目展演，师生的精彩表演赢得了与会者的阵阵掌声。授牌仪式结束后，与会人员观摩了两节由工作室成员围绕课题研究进行的公开课展示。两节课均运用了信息技术手段，使万红小学师生与盐城市宝塔镇中心小学的师生相约在"云"端，同唱"跳月歌"，共赏"西风话"，响应了江苏省教育厅部署的"三个课堂"之"城乡结对互动课堂"建设。本次活动共开设语文、数学、音乐、科学等7个学科10节观摩课。教师们积极探索创新教学模式，利用平台，构建自主合作、探究互动的教学方式，体现了基于技术融合的课堂教学新样态，并进行了线上直播。

工作室指导专家、江苏省教育科学研究院潘丽琴老师，就万红小学此前参与的江苏省第十三期重点课题"'文化自信'视阈下中小学民族音乐传承的实践研究"的子课题"'听·见中华'民族音乐特色课程建设"，做了题为"小学音乐课堂民歌教学策略之'起承转合'"的精彩讲座。潘老师围绕总课题中的"小课堂""中课堂""大课堂"三个抓手展开，并以《阿细跳月》为例，指导大家如何对教材进行梳理，强调教学要"学以致用"，使与会教师豁然开朗，受益匪浅。

2021年12月23日，钱亚萍网络名师工作室的两位导师，苏州市教育科学研究院王欢老师、苏州市教师发展中心李胜杰老师与工作室的相关成员，开展了江苏省中小学教学研究第十三期重点课题"'文化自信'视阈下中小学民族音乐传承的实践研究"的子课题研讨活动。子课题组组长钱亚萍总结了"听·见中华"民族音乐课题的相关工作和取得的成果，对课题的核心概念及其界定、课题研究目标、课题研究内容进行了再次梳理，就课题的进展情况和取得的阶段性成果进行了汇报。王欢、李胜杰老师从如何丰富活动形式、规范成果集册方面对工作室的相关成员进行了细致指导，并与课题组核心成员展开了一场头脑风暴。大家就如何以课题引领课堂教学方式的变革，让"聚焦'双减'提质增效"有效落地，展开了热烈和深入的讨论。

三、教研共生，艺路花语

课堂教学作为教师成长的主阵地，是我们工作室的工作重点。上好"研究课"，多出"示范课"，是思想落地生根的"梦想花田"。工作室聚焦"民族音乐"教学，围绕"观课、议课、备课、磨课、上课"等环节，有序增强大家的构课能力，让学员们在实践中学会自我剖析，实现教学相长的目标。

2020年12月，"听·见中华"民族音乐课堂研讨活动的举办，让我们开启了一段与民族音乐的对话之旅。陈萍、钱文君两位教师的精彩课堂，领衔人钱亚萍老师示范的《瑶族舞曲》，以自主创新的魅力"圈粉"无数。一个个动感的节拍，一句句美妙的旋律，让学生如同一条条自由的鱼，也让整个课堂变得灵动。苏州市教育科学研究院王欢老师对两位教师的课堂给予了高度评价，王欢老师结合"审美感知、艺术表现、文化理解"三大音乐学科核心素养，从"围绕核心内容展开教学，体现学科特点；教学环节与媒体手段相得益彰，有效解决难点；视听结合，注重以美育人"等方面，对教师的音乐教学进行了有效指导。

2021年3月，张家港市万红小学举办了一场音乐课堂的"饕餮盛宴"。张家港市万红小学的茅巍立、顾玲玲和南京市紫金小学的季梦媛三位教师，在活动中呈现了真实、简约而又灵动的音乐课堂。本次活动充分利用"江苏省钱亚萍网络名师工作室"的展示平台，采用线上、线下同步进行的方式开展，受到了省内外多所学校、众多同行的关注。教师们进行网络研讨、"云端"切磋，在思维大碰撞中收获成长。课后，工作室领衔人钱亚萍校长和南京市音乐学科带头人王涓老师用"趣""乐""美"三字分别对三堂课进行了精彩点评，并为参加活动的音乐教师们带来了干货满满的微讲座。现场围绕"为什么教""教什么""怎么教"这三个有关教学的问题徐徐展开，提出以感性体验、整体体验、情境教学为抓手，创建形式美和内容美相结合的音乐教学新样态。

2021年5月，在江南美丽的初夏时节，工作室成员来到位于苏州市吴江经济开发区的天和小学参加苏州市"听·见中华"小学民族音乐教学研讨活动，细细品味民歌优美独特的旋律，学习先进有效的教学理念。来自太仓、吴江等地的教师展示了4节民族音乐课。南京市琅琊路小学王涓老师以一首彝族祝酒歌《苏木地伟》开启了"沉浸式民歌教学体验"。在音乐作品人文风俗凸显、丝丝入扣的教学环节中，我们"看"到了"研究"的深度；在严谨细致的听音训练中，我们"听"到了"探索"的高度。

2021年6月18日，为进一步推进江苏省中小学教学研究课题"'文化自信'视阈下中小学民族音乐传承的实践研究"的实施，彰显文化语境中的音乐课堂教学特色，由南通市黄美华名师工作室、太仓市中小学音乐乡村骨干教师培育站、江苏省钱亚萍网络名师工作室联合举办的"文化语境下的小学民族音乐课堂教学"实践探讨活动在张家港市万红小学拉开序幕，整场活动同步在"江苏智慧教育云平台"进行直播。精彩纷呈的5节音乐课带我们领略了不同风格的民族音乐和不同形式的民族音乐教学。课堂充分拓展了学生的音乐视野，激发了学生对民族音乐的探索兴趣，活泼生动的教学设计在孩子们心中播撒下一颗颗热爱民族音乐的种子。特邀专家、江苏省特级教师黄美华还为大家做了题为"文化语境下的小学民族音乐课堂教学"的讲座，黄老师理论结合实际，深入浅出地分享了自己多年钻研的经验和成果。

2021年12月，为了发挥名师工作室的示范引领作用，全面落实《教育部关于大力推进幼儿园与小学科学衔接的指导意见》，推进"'听·见中华'民族音乐特色课程建设"，张家港市钱亚萍网络名师工作室、吕燕名师工作室联合举办"走进民族音乐 听见中华之美"系列研讨活动。6位来自小学、幼儿园的教师，开展了"其多列"等多个民族音乐活动。

学无止境，行无疆域，追随着春天的脚步，音乐教育人在教育的沃野上自由生长，相互学习，彼此成就，成就教育的大美，不负春光，向美而行。且行且听、且思且议，在名师的引领下，在课堂的耕耘中，美妙的教学旅程，就此开启，并无限延长。

四、示范引领，艺路同行

工作室逐步实现与省内其他网络名师工作室的联动，形成多地共建的网络学习共同体，不断扩大覆盖面和提升影响力。

2020年11月，江苏省钱亚萍网络名师工作室受邀参加了江苏省中小学教学研究第十三期重点课题子课题现场研讨活动。一百八十多公里的距离，两个多小时的路程，在领衔人钱亚萍校长的带领下，工作室核心组成员前往南京市莫愁新寓小学参加交流活动。领衔人钱亚萍校长及组内成员项燕萍老师参加了此次课堂教学展示及研讨。工作室通过搭建平台，开展各级各类课堂教学研讨活动，促进教师专业发展，真正把名师工作室建成优秀教师的聚集地、未来名师的孵化地。上课时教师纷纷交流了教学设计、上课感受及困惑，教师代表分别对课堂教学进行了精彩的点评。江苏省教育科学研究院音乐教研员潘丽琴老师带来了一场以"小学音乐课堂民歌教学策略之'起承转合'"为主题的讲座，潘老师将对课堂的点评与讲座内容相结合，话题聚焦、指向明确，诠释了民族音乐教学的方向与思路，充分展现了自信的音乐教育人的现在与未来，内容掷地有声，发人深省。此次学习的时间虽短，大家却收获颇丰，理想和信念在这个冬天吐露着沁人的芬芳。在音乐教学的道路上，我们认真求索，奋力奔跑。

2020年11月，江苏省钱亚萍网络名师工作室核心成员顾晓敏、钱海燕老师，分别前往贵州省铜仁市沿河县思源实验学校和洪渡镇中心完全小学结对送教。课堂诊断、案例分析、学科前沿思想介绍……送教老师们积极投入对接学校的教学研讨活动中，尽可能多地把先进教育教学理念带给贵州同行。钱海燕老师为洪渡镇中心完全小学的教师精心献上了一场干货满满的讲座，从"微课教学的四个'颜'值"入手，引领教师走进课堂教学的另一片天地。送教的时光就像一杯清茶，没有绚丽的色彩和浓烈的味道，淡淡的清香却让人回味无穷。在每一个平凡的送教日子里，那些改变，我们看得见……江从白鹭飞边转，云在青山缺处生。为爱背上行囊，比肩向着未来。工作室试图让教师的教学从本校走向薄弱学校，从苏南走向贵州山区，实现"教学扶智"。

2021年6月，为全面落实"德智体美劳"五育并举的培养体系，让农村孩子也能享受优质教育资源。江苏省周云、钱亚萍、张静网络名师工作室，王红兵、周宏名师工作室领衔人和成员欢聚在南京市浦口区大桥小学，开展"我心向党 精准帮扶"名师工作室送教下乡活动，以此向建党100周年献礼。活动采用线上、线下相结合的方式开展，《南京日报》、江苏卫视、《现代快报》、菁体育等多家媒体对本次活动进行了报道。俗话说"独行快，众行远"，在本次活动中我们同时叩响了多个名师工作室的大门，站在一个更高、更大的交流平台，不仅得到更多名师的悉心引领和指导，还获得了更好的发展空间。

2021年11月，苏州市乡村骨干教师培育站活动如期举行，在苏州市音乐教研员王欢老师的带领下，领衔人钱亚萍校长为小学音乐组的五位学员带来了一场名为"与美深度遇见——青年教师成长三部曲"的讲座，结合自身成长和教学实际，与学员们进行了一次教与学的"深度邂逅"。从"如何打好教书育人的底色""如何把握教学主张的基调""如何书写教育人生的亮点"三个方面向学员们阐述了美育的重要性，并结合《小鞋匠》《快乐的农夫》《爷爷为我打月饼》等教学案例开展研讨活动。在讲座中，学员们通过视频语音的方式纷纷参与到设计的各种教学活动中，在互动中深入思考，积极探讨教学方法，对今后的教学开展与实施有了更深的理解。学员们在专业成长的道路上携手同行，教学相长，收获别样精彩。

五、一树"音叶"，繁星溢彩

关于教育、关于成长，我们从未停止想象。四季的脚步，踏过花红柳绿、夏荷清梦，翻过秋的萧瑟、冬的严寒，在轮转的日月里，留下一道道时光印痕。

工作室成立至今，成果喜人。领衔人钱亚萍获张家港市首届"教育领军人才"、苏州市教科研先进个人、张家港市最美巾帼奋斗者等荣誉，获江苏省"教海探航"三等奖；工作室5人获"张家港市学科带头人""张家港市教学能手""张家港市教坛新秀"等荣誉；多人在苏州市第五届中小学生艺术节中小学美育改革创新案例评比中获一、二等奖；3人在江苏省"名师空中课堂"、苏州线上教育中心-张家港市分中心开设直播课多节；2人在2020国民音乐教育大会"万叶杯"论文（教案）征集评选活动中获奖……

一朵花开、一枝叶绿、一群恰好的人、一方教育的平台，若生命是一场旅行，那么遇见就是最美的绽放。时光之外，锦字之间，愿所有美好都会在这片沃野落地开花，让我们撷一缕花香，浸染这一段教育时光。

网络名师工作室

王水丽

领衔人简介

王水丽，苏州工业园区星汇学校副校长，江苏省首批中小学网络名师工作室领衔人，华东师范大学教育硕士。先后获"苏州市优秀教育工作者""苏州市指导学生自学先进教师""苏州工业园区优秀教育工作者""苏州工业园区首届金鸡湖教育领军人才"等荣誉称号。在全国十多个省市区进行教学展示或讲座；近年来出版专著2本，主持或作为核心人员参加省级教育科研规划课题5项。

工作室介绍

江苏省王水丽网络名师工作室会聚省内十多所学校的200多名优秀教师。工作室以"双线融合、优教优学"为建设理念,以"专业行动主线与管理主线"为行动路径,科学制订三年发展规划。工作室的活动采用线上与线下相结合的形式展开:线上每日交流学习,线下每周研讨交流。在2020—2021年江苏省网络名师工作室考核中,江苏省王水丽网络名师工作室获得优秀等第。

"双线融合、优教优学"引领百名教师共谋网络教育发展

□ 苏州市电化教育馆　杜　伟

2020年10月,江苏省教育厅办公室公布首批42个江苏省中小学网络名师工作室名单,苏州4家工作室光荣上榜。由苏州工业园区星汇学校副校长王水丽领衔的工作室榜上有名,成为首批江苏省网络名师工作室之一。记者走进了苏州工业园区星汇学校,探秘王水丽网络名师工作室。

在星汇学校的一间会议室内,记者见到了工作室成员们正在开例会,大家群策群力,为工作室的良性发展出谋划策。该工作室会聚了江苏省内十多所学校的200多名优秀教师,成员之间除了每天在线上互相交流学习外,每周还会在线下举办研讨交流会。据工作室领衔人王水丽介绍,为了让工作室更好地开展工作,也让每个成员在工作室中找到自己擅长的工作,经过协商研究,工作室将成员划分成规划组、资料上传组、原创资源组、名师课堂组等6个工作小组。

在星汇学校任教低年级语文的钱影影老师主动申请加入工作室,考核后,她成为工作室原创资源组组长。每天除了上课外,她还要召集小组成员开会,收集课件、案例、教学方法、教学总结等,然后将这些资料上传到工作室的网站供学员学习。她告诉记者,工作室里的老师都有着浓浓的教育情怀,成员之间不断进取的精神影响着彼此,她在这样的氛围中,专业能力也得到了长足的提升。

钱影影说:"我们这个团队还有很多优秀的骨干教师,他们拥有丰富的教学经验,在各种活动中,比如观摩课研讨活动中,大家思维碰撞出的智慧火花让我受益匪浅。在上学期园区小学语文优质课评比中,我获得一等奖,我觉得这不只是我个人的努力,更是

我们这个团队托起了我。我加入这个工作室后深深地感受到一个人可以走得很快，但是一群人才能走得更远。"

王水丽网络名师工作室以"名师引领、团队协同、资源共享、特色鲜明"为理念，借力园区先进的信息化教育教学研究与应用成果，运用江苏省名师空中课堂、苏州线上教育中心、苏州工业园区易加互动平台等载体，整合资源，创新信息技术，促进学科教育教学研究，培养信息技术与教育教学应用融合的杰出教师。

王水丽，星汇学校副校长，王水丽网络名师工作室领衔人，苏州市学科带头人，苏州工业园区首届金鸡湖教育领军人才，多年来一直担任全国中小学信息技术创新与实践大赛（NOC）执行评委。近年来，在全国十多个省市区开课、讲学，经验丰富的她，对于此次网络名师工作室的评比信心十足。

王水丽说："工作室有个口号叫'双线融合、优教优学'。新冠病毒感染疫情期间，我们采用了线上的学习方式和培训方式，也因此形成了'双线融合'的教学方式。'双线融合'即线上和线下的学习融合在一起，线上和线下的培训融合在一起，目的就是'优教优学'，促进教师的专业发展。"

王水丽还说："省里的要求就是学科及信息技术的融合，正好我们学校研究的方向就是学科与技术教学的融合。园区的信息化融合做得非常好，在苏州工业园区易加互动平台的指导下，信息技术与学科教学的融合取得了一定的进展。已经上传到苏州工业园区易加互动平台的资源有3万多个，学校内部的资源也有3万多个，学校还有将近90位进行大数据研究的教师，所以无论从区级层面、学校层面还是个人层面，我们在评比中都有一定的优势。"

王水丽告诉记者，工作室致力于整合优质资源，进行信息技术与教育教学的融合应用研究，双线并举，搭建中青年教师专业发展平台，加速名优教师成长，促进教师队伍整体素质的提高；充分发挥网络优势，缩短地域差距，把网络教研、师资培训、教学资源和个人空间有机融合，真正实现"人人皆学、处处能学、时时可学"，普遍提升学生的信息素养，为学生、教师创设选择性学习的空间。

王水丽告诉记者，她想把工作室打造为一个学习的平台、展示的平台、研究的平台、互动的平台，通过这个平台让学生得到发展，让教师的专业能力也得到提升。

教师教与研的有效打开方式

□ 苏州工业园区星汇学校　钱影影

【摘　要】王水丽网络名师工作室是首批江苏省中小学网络名师工作室之一，自成立以来积极组建教研团队、开展多维教研活动、开发多样研修资源、即时凝练研修成果，努力把工作室打造成一个"研究的平台、成长的阶梯、辐射的中心"。本文探讨的是作为工作室的成员，如何通过知、行、研、思的耕耘途径来促进教学和教研能力的提升，从而实现自己的专业成长。

【关键词】工作室；教研能力；专业成长

在苏州工业园区星汇学校这样一所年轻的校园中，虽然教师队伍偏于年轻化，但是很多教师出身名校，对教与学的研究有热情，对自身的专业成长有需求。2019年，副校长王水丽领衔的省级网络名师工作室从众多工作室中脱颖而出。王丽水网络名师工作室将校内乃至兄弟学校拥有发展意愿和教育理想追求的骨干教师、年轻教师会聚在一起，不断进行信息传递、技能交流和智慧碰撞。作为工作室的一名成员，该如何融入这个团队并提升自我？下面我将以自身为例，谈谈在网络名师工作室中进行教与研的心得体会。

一、知：仰望星空，获取学习资源

为了契合省里开展网络名师工作室的初衷，王水丽网络名师工作室在成立初期就明确了价值取向和研究方向，那就是将学科和信息技术融合，主题化推进教与研；提出"双线融合、优教优学"的口号；凝练出"一助六学"的课堂教学策略，"一助"指信息技术助力，"六学"为预学、疑学、共学、展学、延学、测学。

"一助六学"研究是特色项目，也是引领工作室开展活动的主题。对于工作室单个成员来说，首先要做的是对这个主题有正确的认知，既需要借力先进且成熟的理论成果，也需要自己开发学习资源。

（一）借他山之石

专业成长一定离不开专业阅读的积累。工作室督促每一个成员进行专业阅读，倡导个人阅读与团队交流相结合：个人阅读重在独立思考，团队交流重在分享、集智。工作室下设团队——新研团，每月开展"1+X"阅读活动，成员共读《教育心理学》《小学语文单元整体教学理论与实务》等教育教学经典书籍，并自主阅读几篇以"信息化教学"为关键词的前沿文章。

工作室资料组的负责人对这些能够促进教师成长的文章、资源进行整理，择优上传全网络名师工作室平台的"他山之石"版块，教师可以随时查阅自己想要阅读的文章，最大限度地节省时间。

（二）攻己身之玉

除了借鉴已有的理论成果外，工作室成员也积极开发原创资源。在对"一助六学"主题的学习和实践过程中，我们会整合自己的论文、教学设计、微课资源、学生作品等，然后会上传至网络名师工作室平台的"教学资源"版块相应的文件夹里。

截至目前，原创资源已有1 000余份，包括：指导学生进行"预学"的导学微课、预学单，如微课"走进《笠翁对韵》""我与识字课文交朋友——《春夏秋冬》线上预习指导"；考查学生自学情况的检测单，如"线上学习"自学达人闯关题；助力课堂"共学"的自主学习单，如"读、画、演、编赏《四季》"；展示反映学生素养的作品，如《德慧微文》《琢玉雅集》等。当然还有教师的优秀教学随笔、教学反思、教学论文等。我们的原创资源，绝大部分以"一助六学"为脉，延伸至工作室成员学习和研究的方方面面。同时我们致力于序列化建设平台的课程，以形成工作室特有的资源包。

二、行：切磋琢磨，示范主题教学

一年半以来，王水丽网络名师工作室的辐射力在逐渐增强：工作室成员除本校教师外，还包括江苏省内其他十多所学校的优秀教师；承办园区新教师培训活动；与市内众多兄弟工作室携手并进；甚至有外省网络名师工作室来访。我们聚焦"一助六学"主题，广泛开展教学与教研活动。

对于成员来说，在工作室中获得的任何教育认知、形成的任何教育观念，最终都要落实到教育教学行动中。成员们在工作室开展的一系列活动中进行公开课教学或开设讲座，以期使自己的教学工作得到检验和修正。以我所教的"预学"专题之低年级语文融合课

《风娃娃》为例,开展一节示范课一般会经历以下环节。

(一)核心成员磨课

课前组织工作室核心成员针对执教教师所备的课题在线上进行集体备课,也就是磨课。我会先将自己制作的《风娃娃》教学设计上传至平台。工作室的几名骨干教师参与备课、磨课,条件合适的时候也邀请兄弟工作室的名师或专家,在规定的时间内利用文字、语音、视频等形式进行指导。我再根据大家的建议,消化、吸收、修改自己的教学设计,这样一节成课才更具有示范价值。后来为了更直观展示教师的初稿,工作室更倡导执教教师把"无生上课"的视频上传至平台。

(二)主题公开教学

在确定了开课时间等信息之后,工作室名师课堂组的负责人便将活动咨询发布在平台上,通知全体成员活动主题、听课时间、听课方式,并组织线上签到。

执教者在直播教室进行公开课教学,听课教师分为线上和线下两组。我执教的《风娃娃》是低年级课文,因时间、空间的限制,工作室邀请参加活动的专家和执教低年级语文的教师在直播教室现场听课,而工作室其他成员及其他学校教师采用线上听课的方式同步进行。

(三)群体评课议课

公开课结束后,通常工作室会采用线上、线下相结合的方式评课。以我的这一节示范课为例,先是我在直播教室讲课;然后观课的教师评课,线上观课的教师同时可以连线进行互动;最后请专家或名师点评(议课)。值得关注的是,无论是磨课、讲课,还是评课、议课,都以本次活动的主题"预学"为主,这样教学活动才更具研究性。

(四)收集整理资料

每一节直播课都会有文字、图片、视频等过程性资料产生,工作室资料组的负责人会组织教师收集和保存活动始末的资料,形成活动惯例,丰富工作室的活动成果;同时也为执教教师提供公开课的证明材料。截至目前,王水丽网络名师工作室教师获得省级公开课及讲座证书已达20余个。

三、研:精益求精,集聚群体智能

工作室的活动以主题为驱动,采用线上与线下相结合的形式展开。线上每日交流学习,线下每周举办研讨交流,运用信息技术正常而有序地开展研究,促进学科教育教学。成员在切磋教艺中获得提升、在专家引领中获得启迪,从而让自己踏上专业成长的快车道。

（一）求深——本学科研讨

王水丽网络名师工作室主抓学科是小学语文，工作室绝大部分成员也是小学语文教师，当然工作室开展的绝大部分活动也集中在小学语文学科。从探索的主题"一助六学"来说，工作室开展过聚焦"预学""测学""共学"等专题的教研活动；从文体上看，工作室成功开展了"一助六学"视域下的拼音、古诗、童话、习作等教学研讨；从辐射对象来说，有新教师，也有骨干教师代表团。本学科的活动每次都目标明确，研究深入，在一研一得中，成员能够学习、借鉴到可移植、可操作的教学方法。

（二）求宽——跨学科教研

海纳百川，有容乃大。工作室还注重不同学科的交流，开展跨界联合教研。为学校的长足发展考虑，工作室组织校内信息技术、英语、数学等学科教师共同开展活动。从学生全面发展出发，工作室联合市内外体育、音乐学科名师工作室一同教研，开发工作室活动的新样式。这些跨学科活动实现了成员教师之间的快捷交流，大家互通有无，及时了解本学科以外的前沿知识。工作室的外延拓展了，成员的视野便随之开阔起来。

（三）求精——载课题并行

星汇学校在建校初期便将"智慧校园"确定为建校特色之一，王水丽网络名师工作室的成立与"智慧校园"的建设都重在信息技术与教育教学的应用融合。借助工作室成立的东风，学校又成功申报了王水丽主持的中央电化教育馆"英特尔智能互联项目"国家级课题"基于智能视频分析支持的教师专业发展研究"，这个课题的核心成员大多来自工作室。

课题研究推动网络名师工作室的运行，网络名师工作室又促进课题的完成。成员教师积极进行课题研究，在课题的前沿性、开放性、利用率等方面共同学习和研究。课题的申报、研究、结题一系列过程，都在强化工作室成员对教学理念的学习和梳理，成员的教育教学理论也得到了总结和升华。

四、思：深思深耕，促进专业卓越

美国学者波斯纳提出这样一个公式：教师的成长＝经验＋反思。可见，反思环节在教师专业成长中占有举足轻重的地位。作为工作室成员，在名师教学理念和教学方法的碰撞启迪下，自身也参与了有意义、有价值的教育教学研究，基于此，再躬身自省，形成自己初步有效的教育教学方法，在提炼中突破，在反思中成长。

（一）依实情，正确定位

王水丽网络名师工作室会聚了众多优秀教师，既有荣誉加身的名优教师，又有经验丰富的骨干教师，还有基本功强大的新生力量。处于名优教师梯队的成员，在工作室中能获得很好的发展，属于团队的领跑者；处于骨干教师梯队的成员，能在教学相长的研修中形成成熟稳定的教学风格；而团队中的新生力量，能在优质丰实的教学资源和教学活动中，获得飞速的提升。以笔者为例，本人属于能完全适应教师工作、运用信息技术的能力较强、业务素质较高的骨干教师，平时较为关注的是教育教学方面的问题，但想要解决这方面的问题又觉得有难度。因此，我给自己的定位就是向工作室主持人提出问题和需求，通过名师的帮扶和自身研修，突破自身发展的瓶颈期，向名优教师队伍迈近。

（二）攻难点，实现成长

当一个教师的发展路径梳理清晰之后，攻破难关才能守望成长。仍以笔者为例，我在准备学科带头人申报材料的时候，发现自己课题研究的成果较少，主要是作为课题组成员参与研究，还没有主持过市级以上的课题，也就是说课题研究能力亟待提升。和大多数有着多年教学经验的教师一样，我能够从教学情境中发现具体的问题，但在对什么问题有价值、自己是否能够进行研究的判断方面还有所欠缺。工作室领衔人与我一对一探讨症结，发现主要原因在于缺乏对教育问题的宏观把握，创新意识较弱，不能对教育教学规律进行探索与总结。基于此，工作室为我"私人定制"提升方案，在广泛进行教学和科研著作阅读的同时，我还要走出去参加此类专题讲座，并独立主持课题，目前课题处于在研阶段。在问题提炼、方案设计、方法选择等环节进行针对性增补，将成熟的教学和初级阶段的课题研究紧密结合，理论联系实际，切实攻克专业发展的难点。

王水丽网络名师工作室是专业的共同体，有品牌有组织，有愿景有规划。目前，活动有价值，发展有方向，已然成为一个教师进行教学和教研的有效打开方式。从领衔人到每一个成员，所有人都在修炼中互哺互补、共生共长，努力树立起工作室特色的旗帜，也实现每一个人的自我发展。

参考文献

[1]陈晓端，龙宝新等.教师专业学习共同体 国际视野与本土实践[M].西安：陕西师范大学出版社，2016.

[2]沈莉，卢萍.打造成长"孵化器"，助推教师成长成才：基于名师网络工作室的教师分层培养策略[J].教学月刊，2020（12）：10-12.

[3]陈立军.建网络名师工作室 促教育教学发展：谈网络名师工作室的建设[J].教育界，2020（8）：6-7.

网络名师工作室 丁银杰

领衔人简介

丁银杰，男，1974年生，苏州市草桥中学校正高级教师，江苏省"333工程"第三层次培养对象，苏州市名教师，苏州市姑苏教育青年拔尖人才。曾获信息技术与课程整合课全国一等奖，江苏省优秀教研成果一等奖，江苏省初中数学实验创新设计一等奖等荣誉。主要研究领域：初中数学实验、信息技术与课程整合、中考命题研究等。主持多项省级课题研究，核心参与江苏凤凰科学技术出版社出版的义务教育教科书初中《数学实验手册》的编撰工作。多篇论文在《数学通报》《中国数学教育》《中学数学月刊》等刊物上发表。

工作室介绍

　　江苏省丁银杰网络名师工作室为江苏省首批中小学网络名师工作室之一。工作室立足初中数学学科，以多项省级课题研究为抓手，致力于引领江苏省内近500名初中数学教师的信息技术与数学课程融合教学实践研究，促进广大教师的信息素养提升。工作室依托苏州市直属学校初中数学教改组平台，在苏州市教育科学研究院教研员的指导下有计划地开展苏州市直属学校初中数学主题教学研讨活动，促进教师专业发展。工作室网站目前拥有近1000份一手精品初中数学教学资源，极大地满足了广大师生的数学教学需求。

丁银杰：500 名数学教师探索信息化和数学教学融合之路的引领者

□ 苏州市电化教育馆　杜　伟

2020 年 10 月，江苏省教育厅办公室公布首批 42 个江苏省中小学网络名师工作室名单，苏州 4 家工作室光荣上榜。由苏州市草桥中学的数学教师丁银杰领衔的网络名师工作室就是其中之一，身为一线教师的他，是如何让自己的网络名师工作室以一种新的模式成为促进教师专业发展和培养骨干教师的重要载体的呢？记者深入丁银杰老师的课堂教学，跟着他体验了信息技术与数学教学深度融合的课堂。

课堂上，丁银杰老师将班级学生分成小组，以小组形式进行授课，为了给学生讲清楚知识点，他还带了实验器材进行辅助教学。丁老师从三角形的外角和入手，先利用动态数学软件 GeoGebra 的测量功能，对正方体的切面提出了猜想；再通过学生小组的讨论、展示，让学生在动手实验中得出结论。丁老师还运用该软件的图形变换功能，对学生的结论进行了直观验证。丁老师寓教于乐的教学方式深受学生的喜爱。

苏州市草桥中学教师、丁银杰网络名师工作室领衔人丁银杰说："工作室以数学实验研究为抓手，开展主题教育活动，推进数学实验常态化的教学实施，进而来转变教与学的方式，让学生通过动手动脑来学数学，达到启智明理的功效。"

上午的课程结束之后，丁银杰老师回到办公室，打开计算机将最近录制的微课上传到网络工作室的平台上，又召集了工作室成员一起商讨平台资源维护的相关事宜。据丁老师介绍，工作室虽然成立的时间不长，但是工作室的成员遍布整个江苏省，除了 8 名核心教师之外，还有近 500 名普通教师，为了让这 500 名教师在工作室内有所收获和发展，丁老师总是想方设法地丰富平台的资源，尽可能多地开展线上及线下的教育活动。

丁银杰说："还是要立足当下，一步一个脚印，聚焦我们可实践的活动，借助于基层的教育活动，借助于网络平台，引导我们的成员积极参与，达到人人参与、人人分享、人人发展的效果。"

冯伟是丁银杰网络名师工作室的核心成员，擅长运用信息技术教学的他在理念上与工作室不谋而合。课堂上，冯老师巧妙运用几何画板在动态演绎中保持几何性质不变的优点，带领学生解决变化中呈现出的相关问题，充分体现了几何画板提升学生数学思维能力的功能。

冯伟说：工作室是以信息技术融合数学教学为主，这是我非常感兴趣的内容。我平时经常使用几何画板，用于数学教学，并且我自己也申报到一个省级重点课题'几何画板和数学教学的融合'。这个工作室给了我很多机会，且工作室的研究方向和我的课题研究方向是一致的，各种活动都可以融合在一起。信息技术融合教学是现在教育的亮点和热点，我们希望用几何画板和软件 GeoGebra 来研究数学，提高数学的教学水平，然后走出一条信息化和数学教学融合的道路，去影响更多的人。

学科文章、学科资源、课题研究、名师课堂等 8 个板块构成了丁银杰网络名师工作室平台的主要内容，其中名师课堂和课题研究两个板块深受一线教师们的喜爱。在丁银杰办公室对面的许决英是丁银杰的学科徒弟，平台上名师课堂板块就是她课余时间学习的好去处。

许决英说："名师工作室中有许多名教师，他们有很多的资源，不管是教学上的还是信息技术上的，都给了我很大的帮助和启示。我希望能够在这个平台上继续吸取名师的一些经验，不断地让自己成长。"

采访中丁银杰告诉记者，工作室将以培养优秀数学教师，提升数学教师的信息素养，推动教育信息化改革，提升学生的数学学科核心素养为核心理念。以名教师为引领，以骨干教师为核心，以网络平台为支撑，以提高教师教学与研究能力为目的，让丁银杰网络名师工作室成为促进教师专业发展的新平台。

给孩子们插上技术的翅膀

□ 苏州市草桥中学校　丁银杰

随着信息技术2.0时代的到来，各地智慧校园建设稳步推进，智能教育终端不断迭代升级，专业教学软件功能日益增强．这极大地拓展了教学时空，推动着教学方式的转变和教学生态的重构，同时也对广大师生提出了新的挑战。教师唯有提升信息素养，转变教学观念，革新教学方式，关注素养发展，才能在当前教育信息化背景下切实完成立德树人的根本任务。

数学是研究数量关系和空间形式的一门科学，有着高度的抽象性、严密的逻辑性和广泛的应用性。数学一般被认为是一门晦涩难懂的学科，过于抽象，枯燥乏味。对于数学甘之如饴者有之，但更多的是爱恨交织，五味杂陈，难以言表。

好在技术的发展，为学生的数学学习打开了另一扇门。基于技术的学习能有效实现抽象知识形象化，静态知识动态化，单一知识系统化，符合初中学生的心理认知发展水平，从而有利于学生更好地理解和掌握数学知识，体会知识的应用价值。

苏州市草桥中学校初中数学教研组近年来立足江苏省中小学网络名师工作室项目和苏州市级"初中数学实验"课程基地，着力于信息技术与初中数学学科融合研究，全面提升师生信息化素养，促进教师专业发展，发展学生学科核心素养。工作室与课程基地研究成果《动手"做"数学——GeoGebra与初中数学深度融合》已于2019年由苏州大学出版社正式出版发行。

下面通过几个具体案例说明基于信息技术的融合实践。

案例1：函数概念构建——抽象知识形象化

函数是初中阶段最为抽象的概念之一，研究的是两个变量之间的关系，初中阶段通常采用变化说定义函数：一般地，在一个变化过程中的两个变量 x 和 y，如果对于 x 的每一个值，y 都有唯一的值与它对应，那么我们称 y 是 x 的函数，x 是自变量，y 是因变量。到了高中又重新用对应说定义。

变化说定义基于变化，蕴含对应思想，基于这一认识，设计如下问题情境：

问题1：甲、乙两地相距 75 km，汽车从甲地匀速开往乙地。

（1）若汽车平均每小时行驶 60 km，汽车 t h 行驶了 s km，则 s=____（用含 t 的代数式表示）；

（2）若汽车平均每小时行驶 v km，汽车走完全程用了 t h，则 t=____（用含 v 的代数式表示）。

问题2：用长度为 20 cm 的铁丝围成一个长方形。

（1）若长方形的一边长为 x cm，相邻一边的长为 y cm，则 y=____（用含 x 的代数式表示）；

（2）若长方形的一边长为 x cm，面积为 S cm^2，则 S=____（用含 x 的代数式表示）。

这样便得到4个等式：$s=60t$、$t=\dfrac{75}{v}$、$y=-x+10$、$S=-x^2+10x$。认识了常量与变量，如何建立函数概念呢？

以函数 $t=\dfrac{75}{v}$ 为例，如图1所示，我们可以用 GeoGebra 构造一个面积为 75 km^2 的长方形，其水平的边对应变量 v km，竖直的边对应变量 t km，拖动长方形的一个顶点，这样就能直观呈现变量 t 随着变量 v 的变化而变化，当变量 v 确定时，变量 t 也随之确定。

再以函数 $y=-x+10$ 为例，如图2所示，构造一个周长为 20 cm 的长方形，其水平的边对应变量 x，竖直的边对应变量 y，拖动长方形的一个顶点，这样就能直观呈现变量 y 随着变量 x 的变化而变化，当变量 x 确定时，变量 y 随之唯一确定。

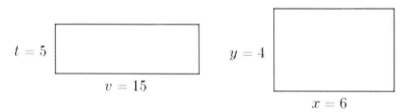

图1　面积为 75 km^2 的长方形　　图2　周长为 20 cm 的长方形

在此基础上,变量说的函数概念便水到渠成。

案例2:矩形、菱形、正方形——化静态为动态

平行四边形是图形与几何的重要内容,是发展学生数学推理、直观想象的重要载体。

矩形、菱形、正方形是特殊的平行四边形,如何从平行四边形自然生长出矩形、菱形、正方形,进而归纳出其性质并判定教学的重点呢?为此我们基于GeoGebra设计学生自主探究活动如下。

活动一:如图3所示,在平行四边形ABCD中,拖动点B、点D可改变线段AB、AD的长度及∠A的度数。

在什么条件下,平行四边形ABCD为长方形、菱形、正方形?

活动二:如图4所示,在平行四边形EFGH中,拖动点E、点F可改变线段OE、OF的长度及∠EOF的度数。

在什么条件下,平行四边形EFGH为长方形、菱形、正方形?

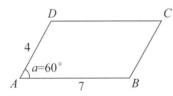
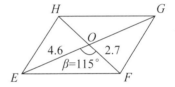

图3 平行四边形ABCD　　　图4 平行四边形EFGH

活动三:

(1)结合活动一,给出长方形、菱形、正方形的定义;

(2)结合活动一、活动二,写出长方形、菱形、正方形的性质和判定依据。

基于软件GeoGebra的学生自主探究,实现了静态知识的动态化,有利于学生用运动和联系的观点建立各个图形之间的联系,自觉运用"属"加"种差"的方式生成新的概念,体会概念之间的特殊与一般关系。

案例3:认识统计量——单个知识系统化

统计量反映一组数据的统计特征,平均数、中位数和众数反映一组数据的集中程度,方差、标准差、极差反映一组数据的离散程度。利用网络画板的动态交互功能,可以帮助学生在运动变化中整体构建关于统计量的认知,将单个知识系统化,理解各个统计量之间的关系。为此,可以创设如下的探究环境。

如图 5 所示,点 A、B、C、D 各对应一组数据,拖动点可改变其相应数值的大小.

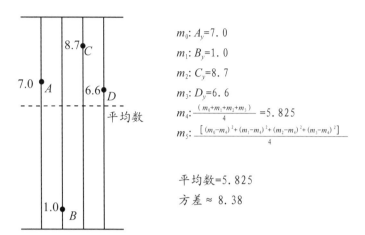

图 5 网络画板

操作与思考:

(1)拖动点 A、B、C、D 中的一个或多个,改变相应的数据,观察平均数和方差的变化;

(2)若保持点 B、C、D 位置不变,改变点 A 的位置,观察平均数参考线的变化,点 A 能否移至平均数参考线的下方?

(3)若保持点 A、C、D 位置不变,改变点 B 的位置,观察平均数参考线的变化,点 B 能否移至平均数参考线的上方?

(4)点 A、B、C、D 中,哪一个点对方差的影响最大?哪一个点对方差的影响最小?

当前,统计与概率教学被弱化成计算题教学的现象仍很普遍,学生会算,但对原理不甚理解,这显然和统计与概率的课程目标相违背。信息技术为数据的收集、整理与动态呈现提供了极大的便利,有利于学生投入更多的精力关注计算背后的原理,构建系统知识,发展统计观念与概率模型思想。

信息技术为学生的数学学习插上了一双翅膀,助力学生在数学世界自由翱翔。

网络名师工作室 徐瑛

领衔人简介

徐瑛,硕士研究生,高级教师,苏州大学研究生校外导师,苏州科技城实验小学校教育集团党总支书记、总校长。曾获"江苏省教科研先进个人""苏州时代新人""苏州市优秀教育工作者""姑苏教育青年拔尖人才""苏州市语文学科带头人""苏州市优秀班主任""苏州市家校联系先进个人""苏州市家校项目先进个人""苏州义务教育项目改革先进个人""苏州最美劳动者"等荣誉称号;曾获全国语文赛课二等奖,苏州市、区优质课竞赛一等奖;指导多名青年教师获省、市、区基本功竞赛、优质课评比一等奖。所撰写的论文曾获"中国教育学会""江苏教育学会"论文评比一等奖;主编并出版教材多部,发表30多篇论文,在全国多个省、市、区举办讲座50余场。

工作室介绍

江苏省徐瑛网络名师工作室是第二批江苏省中小学网络名师工作室之一。工作室围绕"儿童口语表达"这个主题做实践研究，带动一批致力于课堂实践研究的青年教师在语文的林子里共生长。用科研撬动课堂，用科研思维成就教师教学的教育理性思维，让儿童的语文学习在课堂真实发生。以信息化教育教学研究与创新应用为核心，以提升教师信息素养、汇聚优质网络教学资源、提高全省基础教育教学质量和信息化水平为目标搭建网络学习共同体。把网络教研、师资培训、教学资源、网络扶智和个人空间有机融合，促进互联网环境下教科研方式的转变和师生信息素养的提高。同时，工作室还将围绕"家庭教育就是生活教育"主题开展分享和引领活动，为学校指导新时代家庭教育找到具体实施的可为路径。

徐瑛与"会说话"的语文：在网络环境下构建教育的美好生态

□ 苏州市电化教育馆　卜雪梅

"新生活教育教学"被徐瑛网络名师工作室确认为与研究方向有直接的关系，为什么要用这个主题申报第二批江苏省中小学网络名师工作室并作为主攻方向？这要从徐瑛十年前就任苏州科技城实验小学校校长开始说起。

当时作为一所开发区新建校的校长，徐瑛说，无论是从语文教师的角度还是从学校管理的角度，走近学生，倾听他们的心声成了她日益迫切的任务。可是在她作为校长听课的过程中，以及在推出了以自己名字命名的专栏"瑛瑛聊天"后，她发现语文教学过于注重读写，而忽视了听说，尤其是学生的口语表达能力培养被弱化。她认为，要通过提高小学生口语表达能力来完善、丰富他们的精神世界，以及加深他们对世界、对生活的理解。

"教育是为了更好的生活，生活中生长着更好的教育。"从2015年苏州科技城实验小学校在校园里建起了八百多平方米的生活馆，将衣、食、住、行、财不同主题的生活场景搬进校园里开始，一种"让儿童过一种完整而幸福的童年生活"的教育主张慢慢地开始渗透学校的很多活动中。在徐瑛看来，儿童语言表达能力尤其是口语表达能力的提高需要有丰富的生活作为基础，语言表达能力的提升是儿童精神世界丰富后的外化表现。此后，无论从环境布置上，还是特色活动的设置上来看，苏州科技城实验小学校里生活味道都越来越浓，并且教育实践逐步从特色活动发展到了校本课程乃至家庭教育指导领域，开发了"生活中的二十四节气"等校本课程，还利用好家长资源，推行"家庭教育陪育师"等一系列做法。

教育教学的主阵地终究是课堂，任何教育实践行为脱离课堂都将难以获得持久的效果。有着三十多年教学和管理经验的徐瑛深知，一个人的力量是有限的，要形成一个团队，聚集尽可能多的教师，才能完成丰盈儿童的精神世界，培养有思想、会表达的时代新人这一教育使命。

2017年，在徐瑛的倡导下，"语文+新生活教育教学"研究课题正式立项，并且从校内研究小组扩大到科技城教育集团乃至高新区西部教育同盟体。如今担任着科技城实验小学校科业校区教科室副主任的丁素芬是较早就加入徐瑛团队开展"小学生口语表达能力"研究的一员。她认为，这个团队这项研究极好地解决了她从事语文教学二十多年始终难以靠一己之力解决的"痛点"。

语文教师丁素芬说："口语表达不被纳入考试范围，所以在语文教学中教师对此常常是不重视的，但其实口语表达能力的培养对于儿童的全面发展是有着极为重要的意义的。虽然我也意识到这一点，但是单靠一个人的力量想要扭转这种局面是非常困难、力不从心的。加入这个团队后，我不仅有了明晰的研究方向，而且感觉到大家一起是可以改变现有局面的。"

2021年，徐瑛网络名师工作室申报成功，五月中旬，徐瑛站在了江苏省网络名师工作室这样一个大的平台上，工作室的"语文+新生活教育教学"迅速实现跨地域的传播，目前工作室成员已经达到了256人，受辐射的教师从苏州扩展到无锡、南京、上海、贵州等地，工作室甚至引起了新加坡同行的关注。

网络名师工作室领衔人徐瑛说："我们学校联合更多的人来做研究，对我来说最大的收获是更坚定了我的方向，因为网络名师工作室影响力更大，辐射的范围更广，我肩负的责任也更大，所以我找了很多专家来论证我们研究的科学性和可行性。"

徐瑛用忐忑而幸福来形容网络名师工作室成立带给她的深刻感受。忐忑于这个研究在国内还处于"极冷门"的状态，而网络打破了校际、城际甚至是国际的分隔，影响越大的同时肩负的责任越重；而幸福在于压力并不会压垮任何一名教育工作者，反而会催人奋进。网络迅速聚集起的"同行者"让徐瑛不仅认可了自己的研究，更感受到了志同道合的人所带来的温暖与幸福。

徐瑛说："在更大的平台上去做（这个研究），第一是得到了专家的认可，第二是志同道合的人对这个研究也期待已久、很感兴趣，那你就会觉得很有力量。中国的语言承载着文化的自信，要让中国的孩子喜欢说，敢于说，能说会说，这就是在培养人。这也是我们现在强调的课程育人、学科育人。我发现网络最有价值的地方是让一个人的视野的半径无限地扩大了，通过网络平台认识很多志同道合的朋友，我对网络名师工作室的理解是让更多的人能够共同参与、共同分享研究的成果，让更多的人受益。"

线上、线下融合，提升学生语文自学能力的探索
——以小学高年级为例

□ 张家港市白鹿小学　王恺恒

【摘　要】线上与线下融合是当今时代背景下的产物，是将传统线下面授学习与线上交互型学习相融合的一种新模式。该模式，强调线下支持线上，线上辅助线下，二者互相补充。与此同时，新课改要求培养学生的自主学习能力，激发学生对语文学科的兴趣，增强学生的信息应用意识，进而提升学生的语文素养。以融合模式为依托，探寻学生自主学习的路径，既能提升语文素养，也能进一步提升学生的自学能力，从而培养学生终身学习的意识和能力。

【关键词】线下学习；"互联网+"；自主学习；教育共同体

一、线上、线下融合的基本内涵及现状
（一）单一的线下或线上学习模式

一间教室、一位教师、一块黑板、一本语文书……这是传统的线下学习模式；图片、音乐、动画、视频……这是线上学习模式。

传统的线下学习模式，师生面对面直接互动，教师能以最快的方式获知学生的学习情况从而"对症下药"，同时，线下的面对面互动沟通，也能加深人与人之间的情感连接。但如果只采用单一的线下学习模式，很容易形成一种"满堂灌"或"教师主体"的课堂，而这也无法促进天性喜欢新鲜事物的小学生的发展。

线上学习模式由于互联网特殊的环境，能帮助学生增长知识、开阔眼界，能满足学生

的好奇心，从而激发学生的学习兴趣。但如果只采用单一的线上学习模式，第一要考虑该年龄段的学生是否有辨别复杂网络环境的能力；第二要考虑动画、视频等多样化呈现，是否会限制小学生的想象力；第三要考虑在隔屏的情况下，小学生是否能自觉学习。

（二）学生语文自学能力现状

小学高年级的学生已经经过了一段时间系统的语文学习，具备一定的听说读写能力。在之前的线下学习中，大部分学生已经具备了初步的自学能力，能知道自主预习课文、查找资料、阅读相关书籍等。但对于"线上学习"中网络的冲击，是否还能延续之前自主学习的状态，是学生面临的一大挑战。

之前我曾在所教班级做过一个关于"最喜欢的学习方式"的小调查，全班绝大多数学生选择的最喜欢的学习方式都是"自主学习"，但他们目前的学习方式基本是自主学习和他人督促共存。

记得还有一次，我布置了一篇小作文《我给老师提建议》。印象最深的是学生小喻和小葛，她们不约而同地向我表示了"抗议"。小喻说："老师，希望你能少管一点，偶尔让我们放飞一下。"而小葛直接对老师的要求提出了质疑。小小的两条建议，让我深思。学生长大了，不想被束缚，想要更多自主的空间。

就像丘吉尔曾说过，我喜欢学习，但不喜欢被教导。因此，培养学生自主学习的能力，源于孩子自身成长的需求。

（三）线上、线下融合

随着互联网的飞速发展，不论是语文教学模式还是学生学习模式，都要改革创新才能顺应时代发展的要求。如今，互联网已经融入人们生活中的点点滴滴，衣食住行都离不开网络，同样教育也是如此。

互联网可以打破空间、时间的限制，"新互联网+混合模式"有着内容广泛、操作简单、联系便捷、互动性强、反馈及时、私人定制等多方面的优点。教师和学生都可以借助丰富多样的网络资源拓宽自己教与学的见识与视野。

"互联网+"时代的到来，也决定着教与学模式的全新变革。教师要转变传统的"课堂霸主"角色，全面分析、探寻"互联网+"与语文教学的契合点，从而提高教学的有效性。与此同时，教师和家长还要格外地关注学生的学习动态，虽然学生是"学习的主人"，站在课堂的"C位"，但大环境的变化也会给学生带来不小的冲击，能否适应线上、线下融合的模式，进一步提高自学能力，是当下必须重点关注的问题。

二、线上、线下融合中，凸显学生自主学习的重要性

（一）延长学习的时间

线下课堂一直是学生学习的主战场，学生通过一节节课来系统地学习一个个新的知识点。但课堂学习的时间有限，学生的学习能力有高低，于是常常导致"同一起跑线"的学生跑得有快有慢。而线上、线下融合的学习模式正好可以弥补这一不足，学习能力较弱的学生可以通过反复观看视频和线上师生互动提问来突破难点内容。而教师也可以通过视频观看和练习的大数据来进一步优化课堂重难点知识的教学。

（二）拓宽学习的空间

传统的线下学习有着固定的空间和模式，而"互联网+"线上学习模式拓宽了学习的空间，课前预习、课后复习、研究提升、小组合作……任意环节都可以加入线上模式。比如学生在课后复习时完成与知识点相对应的习题，而教师通过大数据便可一窥学生的掌握情况，进而有针对性地再布置一些习题给需要巩固的学生。

（三）定制学习的深度

线下传统模式的学习难度是根据教学大纲及各班级学生的学情制定的，而"互联网+"的线上学习模式打破了这一禁锢，一些学有余力的学生可以进一步选择更高难度的学习内容，也可以与伙伴合作，自主分析、探究、解决更深的问题。

作为教师，我们首先要不断转变自己的定位，变革教学模式，将线下与线上相融合，在这个过程中，学生自主学习的能力就显得尤为重要，能否自觉开展自主学习直接影响着混合模式的学习效果。只有抓住时间、空间和深度，引导学生有效地进行线上、线下融合模式自主学习，才能达到线上、线下融合模式的最优效果。

三、线上、线下融合，提升学生语文自学的能力

（一）"偷偷"关注，创建自主学习的平台

1.课前调查，问题导学

课前预习怎么做？如果只是圈画词语或是诵读课文，显然是没什么效果的。预习一定是需要学生带着思考的，所以我鼓励学生在预习时把遇到的问题记录在书上，如果是能自己解决的，就先查资料自行解决；如果是无法解决的，则需要着重记录，第二天课上留心听。

"线上学习"正好也是个契机，用一个简单的二维码就可以把学生课前预习遇到的问题收集起来，这样我们的教学就能更有针对性，切实解决学生存疑的问题，不仅能提高课

堂效率，还能提高学生预习和自主学习的积极性、主动性。

例如，在教统编教材五年级上册第二单元的《冀中的地道战》一文时，为了解决课后习题第一题"你读这篇文章用了几分钟？了解了哪些内容？和同学交流自己的阅读体会"，可以在课前先让学生组织线上小组合作，组内充分讨论，交流自己的阅读体会，然后在课上前5分钟请每组派代表分享。在小组合作的过程中就把这个问题解决了，同时学生自主学习的积极性和口语表达能力也都得到了提高。

2. 课上连麦，实时互动

线下教学时，我们就提倡"把课堂还给学生""让学生成为课堂的主人"，那"线上教学"肯定也不能是教师的"一言堂"，虽然不能面对面地举手回答问题，但"在线连麦"也增加了一些课堂的"刺激性"和"趣味性"。

例如，在教统编教材六年级下册的《北京的春节》一文时，先连线班里在北京出生、长大的小齐同学，让她说一说自己小时候在北京过春节的趣事，以及身边同学的故事，这样更容易拉近学生与文本的距离，也更能理解老舍笔下北京春节的热闹气氛。再连线生长在不同地区的学生，让他们说一说自己家乡的春节有哪些习俗，从而让学生更好地感悟"十里不同风，百里不同俗"这句话，与文后的"阅读链接"相结合，知道"地域不同，风俗不同"。

实时互动将课堂与学生的生活实际串联起来，引导学生在生活中学习语文，在语文中感知生活，也激发了学生的自学热情。

3. 阅读分享，畅所欲言

统编教材六年级下册第二单元——外国文学名著，包括《鲁滨孙漂流记》《骑鹅旅行记》《汤姆·索亚历险记》的节选和《爱丽丝漫游奇境记》的简介，只是短短的节选又怎么能让学生理解书中的内涵呢？于是借助四场"线上阅读分享会"，让学生在读完整本书的基础上分享自己的阅读感受，这时，教师只需要做一个"鼓掌"的观众就好。主持、分享、讨论……全部由学生来。

放手，给学生足够的空间，鼓励他们自主学习的同时，也要给他们展示的舞台，至于是不是说得很流畅或者很深刻，已经没有那么重要了，在他们讨论的过程中，自然会有思想火花的碰撞。

4. 课后练习，个性选择

融合模式下的课后练习可以设置为"必做＋选做＋自由做"的形式，将每课必须掌握的基础知识点设置为"必做作业",以巩固课堂所学;将相关的拓展类的内容设置为"选做作业"。同时,鼓励学生根据所学内容设置"自由作业",可以小组内互相出题进行比赛,也可以将题目放到自主学习平台共享。

又如,统编教材六年级上册《草原》一文,线下教学后,设置以下三类作业:①(必做)背诵课文1—2自然段;展开想象,具体写出"蒙汉情深何忍别,天涯碧草话斜阳"这两句诗所描绘的情景。②(选做)了解文章的写作背景,观看《草原》纪录片,描绘出你眼中的草原。③(自由做)比如学生以小组合作的形式,选择文中感兴趣的内容进行深入分析与探究,并据此出题。

融合模式使得课后练习的形式不再是单一的笔和作业本,学生可以有更多样的呈现,以满足小学生的新鲜感和好奇心。同时,小组合作、互相竞争的形式也能激发学生的自学兴趣。

无论是线上还是线下模式,教师和学生都要转换课堂上的角色定位,以学生为主,教师为辅,好好利用互联网轻松的氛围,"偷偷"关注,创建各种各样的平台,让学生最大限度地发挥自主学习语文的优势,从而进一步激励学生自主学习。

(二)深度融合,搭建自主学习的桥梁

将线下和线上学习模式深度融合,为学生、教师、自主学习平台搭建彼此互动沟通的桥梁,积极建构以学生为"C位"的自主学习混合模式。以学生为主体,教师为主导,依托自主学习平台,有效地开展线下和线上学习。

学生通过线下学习获取新的知识,参与考核,并与教师交流沟通;教师根据反馈的问题进一步安排合理的线上学习对学生进行知识点的巩固,学生再通过线上学习内化吸收。与此同时,自主学习平台能记录学生每次学习情况的大数据,而大数据再促进师生进一步的互动沟通。同时,学生也可以事先通过线上学习获取知识,教师根据学生的反馈来优化线下教学,再由自主学习平台记录整个过程,保持实时互动。

融合模式下的整个过程,师生既可以网上实时沟通,教师为学生答疑解惑,也可以线下面对面交流;既发挥了线下学习模式的沟通性,又发挥了线上学习模式的实时性和灵活性,可以很好地让师生尊重学习差异,真正地打破学习上空间和时间界限。

(三)多方助攻,积蓄自主学习的动力

1.自主学习,从"私人定制"的计划开始

记得我第一次尝试让学生制订"期末复习计划",结果是令人惊喜的。有的学生事无巨细地列举了每天不同时间段的复习内容，也有的学生按时间比例分配三个学科的复习内容……后来，我继续让学生试着制订"长期计划"，如寒暑假计划、月计划等。

学生的计划，不仅内容很丰富，包含了学习、娱乐、休息、兴趣班等，而且时间安排得具体、细致，我们也会定期分享计划的执行情况。

如今，"线上学习模式"开始启动，怎么保证学习的效率呢？制订个人的"线上学习计划"或许是一招。让学生制订好计划后在班级钉钉群打卡分享，学生从别人的计划中也能有所收获。

简单的一张计划表是为了让学生进行自我监督，同时唤醒他们内在自主学习的意识。

2. 自主学习，从伙伴互助开始

班级学生众多，依靠教师一个人的力量是有限的。之前线下学习时，在班里有一个团队的加持，他们就是"勤思敏学"战队，在队长学习委员的带领下，战队成员会利用课间和自习课的时间，帮助有需要的同学。

如今线上学习，不能面对面督促，不如由"勤思敏学"战队成员担任组长，每人带领一支小队，组建钉钉群，每日打卡分享学习和生活情况。如自学统编教材六年级下册最后的"古诗词诵读"时，小队内成员合作分工，每人查找两首诗的资料，在群内作为"小老师"向队内其他同学讲解，再互相背诵。

借助伙伴的力量，组团学习，同时浸润在班级自主学习的氛围中，也会潜移默化地受到熏陶。

3. 自主学习，从携手家长开始

苏霍姆林斯基说："学校教育对家庭教育和社会教育应起到指导、协调作用。"自主学习绝不是学校自主，回家包办！拉动家长统一战线，获得家长的支持和协助，效果会事半功倍！

比如"作业自主打卡"，有一部分孩子回家做作业总是敷衍了事，如果总是第二天批阅后再重写很费时间，我在征得家长同意后，组建了打卡群，学生每天回家作业写完后在群内打卡，这样做可以提高学生家庭作业的质量。

"教育共同体"是指一个由学生及其教育者共同构成的团体，他们彼此之间有着相同的目标追求，构成了一种互相影响、互相理解、互相促进的协同关系。将教师、学生、家长三者合为一体的教育共同体，更能助攻学生积蓄自主学习的动力。

关于教学的定义，德国哲学家马丁·海德格尔是这样说的："真正的教师要做的是让学生自由学习。"教师首先要允许学生学习，满足他们的好奇心，因为不论现在还是未来，学会如何学习都是有意义的。学习是让学生受永无止境的好奇心驱使，不断去吸收他们看到的、听到的和读到的一切有意义的东西。

苏联教育家阿莫纳什维利曾把教学的性质看作在教师指导下学生自主学习的研究过程"。因此，新冠病毒感染疫情期间的"线上学习"是个契机，学生有了更多可以自己支配的时间和空间，教师只需要在一旁"偷偷"地关注，"默默"地引导，进行"神助攻"，帮助学生创建自主学习的平台，不断挖掘线上、线下融合模式下学生自主学习的路径，拉动学生、家长等多方教育共同体一起助力，不断提升学生的自学能力，从而培养学生终身学习的意识和能力。

参考文献

[1] 魏鹏飞. 如何在小学语文中培养学生的自主学习能力 [J]. 学周刊, 2019(28): 74.

[2] 刘玲珍. 试论在小学语文教学中如何培养学生的自学能力 [J]. 课程教育研究, 2017(6): 120.

[3] 郑维民，张晓娟. 基于"混合式教学"模式下学生自主学习意识与能力的培养 [J]. 物理通报，2020(6):12-15

[4] 郭江珊，姚婧娴. 基于网络学习空间的混合式学习活动模型设计 [J]. 中小学电教，2019(12)：63-66.

网络名师工作室 张忠艳

领衔人简介

苏州科技城西渚实验小学校校长、书记。中小学正高级教师，江苏省特级教师，江苏首批"苏教名家"培养对象，江苏省"333高层次人才培养工程"培养对象，江苏省中小学网络名师工作室领衔人，江苏省优秀教育工作者，姑苏教育特聘人才。现为南京大学硕士研究生兼职导师，江苏省物型课程研究中心研究员，"国培""省培"小语班导师等。

工作室介绍

江苏省张忠艳网络名师工作室成员既有来自苏州高新区各中小学的优秀骨干教师，也有来自苏州市其他区和徐州市的名优骨干，他们在工作中有想法、有做法，敢创新、能创新，对STEM教育有着独到深刻的认知，并有了自己的研究方向和内容，他们不仅是优秀的学科骨干，有的还承担学校科技特色的建设任务。为了共同的目标和追求，这一群人走到了一起。他们正借助省级工作室平台的春风，做优做强自己的学科，同时做优做强学校的科技特色。力争把工作室建设成为一个践行现代教育思想的学习型组织，一个培育有思想、有情怀、有作为的研究型教师的孵化器，一个引领学科专业建设与发展的探索型学术团体。

工作室自成立以来，开展了丰富多彩的活动：一是与专家对话，邀请了高校教授做专题讲座，及时了解前沿动向；二是参与课堂与课程的研讨，提升自己的科研素养与能力；三是开展校际的学习与交流，优势互补，共同进步；四是开拓校外课程基地，以太湖湿地公园为主阵地，让课程扎根于脚下的土壤。工作室成立虽然只有不到一年的时间，却成效斐然，每位成员乐观向上，充满了朝气与活力，立足本职岗位，发挥引领带动作用。

打造具有本土特色、可常态化的STEM课程教学

□ 苏州市电化教育馆　王　越

"一个人可以走得很快，一群人走得会更远"。2021年苏州市共有12个江苏省中小学网络名师工作室正式揭牌。这一个个活跃在苏州各个学校的专业学习共同体，正成为培育骨干教师的"训练营"，教学改革的"先行者"，区域教育均衡的"催化剂"。据了解，苏州这12个江苏省中小学网络名师工作室分别对不同学科进行深入研究。如何让STEM教育在实际教学中落地？"张忠艳网络名师工作室"给出的答案是"STEM课程校本化、常态化"。

网络名师工作室领衔人张忠艳说："学校重点打造了四个实验室，绿色智能实验室、人工智能实验室、数字创造实验室及创想创作实验室，把实验室的打造和学生学科学习、国家课程学习、校本课程的开发结合在一起，希望通过组织学生开展研究化的项目式学习，培养学生创新实践能力。工作室成员来自高新区各个中小学，还有江苏省内苏州市外的成员，大家都基于各自学习的情况，深入开展自己的研究。这段时间我们联系了太湖湿地公园，深入基地，让教师、学生的课程扎根在我们脚下这块土壤，共同研发适合学生的课程项目，让学生在生活中、在实践中能够获得能力的提高。为了让STEM教育思想融入校园，我们打造百花园、百草园、百果园及科学家大道，通过跨学科综合性的活动培养孩子生活中的科学意识。"

张忠艳校长认为，良好的课程情境，对课程的实施和效果起到了重要的作用。为此，学校在人工智能实验区里打造了未来空间站、海陆空模型、智慧机器人，主要服务于海、陆、空模型竞赛及机器人竞赛等社团活动。在绿色智造实验区里打造了3D创意设计、未来工程师、绿色创业研究室（以下简称"绿创研究室"），主要服务于科幻画、建筑模型、

桥梁承重、金钥匙等竞赛活动。在数字创作实验区里，打造了增材智造室、创意编程室，主要服务于3D打印、小创客、创意编程等竞赛活动。创想创作实验区里，打造了仿生木艺室、金工实践室、融媒体创作室，主要服务于能培养创新思维能力的头脑奥林匹克、视频创作等社团活动。校本化的STEM课程空间，为STEM课程的普及、常态化实施奠定了重要的基础。

STEM教育提倡打破学科界限，实现跨学科融合，充分调动各学科"有用的"知识来解决实际问题。单靠一位教师去完成STEM这样综合课程的普及和常态化工作难以实施，为此，工作室领衔人张忠艳倡导各科教师相互合作，协同教学。张忠艳说，作为工作室领衔人、学校校长，必须把STEM课程作为"一把手"工程。课程实施的行政化，是STEM课程本土化的重要保障。

张忠艳说，工作室更多的是基于大家合作学习，"聚是一团火，散是满天星"的思维，给工作室成员提供成长平台。大家在工作室里基于合作的意识，探究的氛围比较轻松。

据了解，张忠艳网络名师工作室有核心成员十余人。工作室以"和而不同，各美其美"为宗旨，倡导教育要回归原点，要关注孩子的天性与内心的愿望，使学生拥有美好的人生；同时倡导师生要有独立之思想，自由之精神。"和而不同"即和谐又不千篇一律，不同又不相互冲突；和谐以共生共长，不同以相辅相成，即多元并存，共同发展。

为使名师工作室真正成为教学思想的集散场地、教学方法的交流场所和教学资源的中心，张忠艳和成员们主要从读、学、研、思、写五个方面努力磨砺自己，提升自己，并通过读书沙龙、专题研讨、送课评课、课题研讨、论文撰写等丰富而又有针对性的活动，积极发挥引领、孵化和辐射作用。

苏州科技城西渚实验小学校教科室主任顾唯一说："我们的STEM就是多学科融合，多技能融合，让学生的综合素养得到提升。我在工作室里是核心成员，除了召集大家一起学习、一起研讨之外，我也要不断钻研、与时俱进，并将收获运用到我的教学中。在工作室中，我的编程能力、动手制作能力、绘画能力也得到了提升。"

苏州科技城西渚实验小学校数学教师苏家弘说："我是刚刚入职2年的新老师，非常有幸能够加入名师工作室，作为一名数学老师，在课堂上我会努力激发学生思维逻辑（能力），让学生感受网络的先进性。同时我在学校还担任MakeX机器人社团老师，我在做中学、学中教，和学生一起研究。在社团活动中，我会利用数学学科优势，帮助学生攻克编程上的难题。"

5C核心素养下STEM未来实验室及课程建设

□ 苏州科技城西渚实验小学校　张忠艳

【摘　要】STEM教育已成为当下深化课程教学改革、创新人才培养模式和选拔模式、提升学生科学与创新素养的重要抓手。苏州科技城西渚实验小学校围绕市前瞻性项目积极创建基于STEM的未来实验室，研发跨学科、跨学段的STEM课程群，探索STEM教育的成功实践模式，以期让STEM教育惠及更多的学生群体，让科学与创新进入每一个孩子的基因。

【关键词】5C核心素养；未来实验室；STEM教育；课程建设

　　为培养适应未来挑战的创新人才，在知识与经济全球化的当下，世界各国纷纷进行基础教育改革。STEM(即科学、技术、工程、数学)教育自美国在20世纪80年代发起以来，在全世界引起了广泛的关注，并日渐成为国家发展及人才战略的重要内容。在我国，STEM教育已成为深化课程教学改革、创新人才培养与选拔模式、提升学生科学与创新素养的重要抓手。

　　党的十九大报告提出，到2035年基本实现社会主义现代化的远景目标，现在的中小学生正是实现这个宏伟目标的中坚力量。STEM教育在中小学的开展，恰逢其时，不可不为，不可慢为。

　　为让今天的孩子更具未来竞争力，苏州科技城西渚实验小学校聚焦国家教育创新战略，积极勾画基于人文科学、自然科学及人工科学的教育改革发展蓝图，创建基于STEM的未来实验室，研发跨学科、跨学段的STEM课程群，积极探索STEM教育的成功实践模式，以期让STEM教育惠及更多的学生群体，让科学与创新融入每一个孩子的基因。

一、STEM未来实验室及课程建设背景

众所周知，STEM课程具有跨学科性，涉及科学、技术、工程、数学等学科，强调多学科的交叉融合，直指未来人才必备的核心素养。而核心素养已然成为我国教育界的一个重要育人指标，与之相关的课程、教学、评价等研究亦风生水起，势头强劲。2018年，北京师范大学中国教育创新研究院首次提出21世纪核心素养5C模型的概念，认为21世纪的人才应该具有文化理解与传承（Cultural Competency）、审辩思维（Critical Thinking）、创新（Creativity）、沟通（Communication）、合作（Collaboration）五个方面的素养，这为STEM教育的创新提供了新的方向和思路。

源于这些鲜明的特质，苏州科技城西渚实验小学校以打造STEM未来实验室为基础，坚守沉浸式学习理念，以培养具有21世纪必备技能的人才为目标，以培养5C核心素养为切入点，变革教与学模式，建立以学生发展为本的新型教学关系，探索基于学科的课程综合化教学，加强学科与学科、学科与技术、学科与生活的联系。2020年，学校成功申报苏州市基础教育前瞻性教学改革实验项目"基于STEM未来实验室的沉浸式学习探究"，并以项目为引领，大力推进STEM课程实施落地。

STEM未来实验室是指基于学生发展需求的四大场馆（绿色智造实验室、人工智能实验室、数字创作实验室及创想创作实验室）。学校以此为依托，设计具有体验性、互动性的活动与课程，让场馆与学生展开对话，帮助学生建立更好的社交情感技能与认知架构，让学生获得别具一格的多维扩展体验。

基于STEM未来实验室的沉浸式学习探究：学校依托智慧校园的建设，综合利用互联网、大数据、人工智能和虚拟现实技术等，积极探索基于STEM未来实验室的教育教学新模式，努力为学生创设自在、具身、交互、探索、多元、共享、个性化的环境，将学生引向虚拟与现实、数字与实体、线上与线下相融合的无边界沉浸式学习空间或场域。基于STEM未来实验室的沉浸式学习探索旨在凸显情境性，为学生营造良好的学习氛围；凸显趣味性，提升学生探究学习的积极性；凸显协作性，倡导团队合作完成项目式任务；凸显实证性，注重学生解决真实问题的能力和创新思维培养，鼓励学生既动手又动脑；凸显开放性，引导学生关注人文和艺术，并培养学生的写作表达能力。

核心素养是一个人在面对复杂问题时的综合性表现,是关键能力、必备品格和价值观念的整合。

图1 21世纪核心素养5C模型

如图1所示,5C模型的五项核心素养是项目的培养目标。这五个方面既各有侧重,又紧密关联,形成一个整体。文化理解与传承素养居于核心地位,该素养包含价值取向,对所有行为都具有导向作用;审辩思维与创新素养更多地表现为认知能力,审辩思维强调理性、有条理、符合逻辑,创新素养强调突破边界、打破常规;沟通素养与合作素养侧重反映个体的社会技能,沟通强调尊重、理解、共情,合作强调在实现共同目标的前提下做必要的坚持与妥协。五大素养之间是相互关联的。文化理解与传承是核心;创新离不开审辩思维,沟通是合作的基础;良好的审辩思维能够提升沟通与合作的效率,有效的沟通与合作有助于实现更高质量的创新。

二、软硬并举,推进STEM教育校本化

学校软硬并举,以打造沉浸式STEM未来实验室(图2)为基础,以培养5C核心素养为目标,开展研究型、项目化、合作式学习,加强STEM课程的研发与实施力度,积极探索基于学科的课程综合化教学,以加强学科间及学科与技术、生活的联系,不断推进STEM教育的校本化实施。

(一)未来实验室建设

(1)绿色智造实验室:重新定位原有的三间科学实验室,赋予鲜明的主题内容,即3D创意设计、未来工程师、绿色创业研究室(以下简称"绿创研究室"),主要服务于科幻画、建筑模型、桥梁承重、金钥匙等竞赛。

(2)人工智能实验室:在原来的三间科学探究室打造成未来空间站、海陆空模型、智慧机器人,主要服务于海、陆、空模型竞赛及机器人竞赛。

(3)数字创作实验室:将原有的计算机教室打造成增材智造室、创意编程室,主要服务于3D打印、小创客、创意编程等竞赛活动。

（4）创想创作实验室：利用原有的探究实践室，将其打造成仿生木艺室、金工实践室、融媒体创作室，主要服务于头脑奥林匹克、视频创作等竞赛。

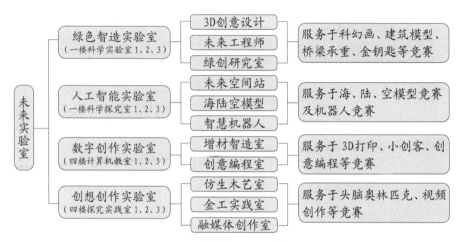

图 2　未来实验室建设

目前，这四大主题实验室的升级改造为开展各类科技活动提供了较好的场域支持。为营造良好的教育氛围，学校还把正式学习空间与非正式学习空间巧妙地加以融合，使实验室外的长廊与室内的主题对应，着重突出未来空间站、未来交通站、智慧机器人、绿创文化、头脑风暴、3D文化、未来工程师、科学互动小实验等内容，一个个场域既相对独立，又相互关联，连成一片，让学生沉浸式学习成为可能。

（二）借助名师工作室，加强STEM课程建设

2021年上半年，学校成功申报江苏省STEM网络名师工作室，希望通过网络名师工作室，汇聚学校和区内优秀人才资源和课程资源，以前瞻性项目为抓手，不断优化实施路径，做强做大学校的精品科技课程。

1. 研发适合低、中、高不同年级的STEM课程（表1）

表1　STEM课程简介

级别	课程名称	课程简介
低年级	数字创作	通过"数字创作"活动，指导学生在"计算机绘画""电子板报""3D设计"等项目制作中学习，能学会计算机设计的基本流程，掌握一种项目制作的工具，在教师指导下能设计出有创意的绘图作品、板报、3D作品等，并通过交流促进作品的升级改造

续表

级别	课程名称	课程简介
低年级	创意编程	创意编程围绕"好玩的小猫"项目引领学生开展项目式主题探究活动,从程序的顺序结构、选择结构和循环结构等方面展开,让学生能够掌握图形化编程的知识和技能,体验程序设计的奇妙过程,感受编程的魅力与分享的快乐
中年级	人工智能	以"爱学习的机器猫"项目为范例,借助Kittenblock平台和多媒体计算机等简易设备,让学生体验人工智能的魅力,了解文本阅读、语音识别、图形识别、人脸识别的编程实现方式,学习创新技能,能有意识地将知识建构、技能培养与思维发展融入运用数字化工具解决问题和完成任务的过程中
中年级	编程控制机器人	通过"机器人闯关"项目这个范例,以能力风暴虚拟教育机器人平台为依托,让学生了解机器动作的编程实现方法,体验智能控制机器人的魅力;从虚拟机器人向实体机器人迁移,激发学生的创新意识,培养其创新能力
高年级	创客通识	通过"智能门"项目这个范例,引领学生进入创客的世界,了解创客空间的构建和作用,认识到一名小创客要具备的素养,学习创客作品的创作过程和作品的呈现方式,通过小组协作、自主探究、项目制作等方法,将自己的创意转化成现实,并在学习过程中提高发现问题、解决问题的能力
高年级	畅想创作	通过"20年后的城市"项目,让学生认识畅想创作的意义,了解创意的来源,探索如何定义问题,从而确立创意;学习如何讲好一个故事,运用多媒体工具去创编故事,从而呈现创意;通过自己创作科幻故事或创意创作促进创新思维的发展,从而完成项目学习目标
高年级	创意制作	通过"智能垃圾桶"项目,从LED、蜂鸣器、舵机、超声波传感器、光敏传感器、人体红外传感器等实验入手,让学生通过规划设计、探究学习、实施项目等步骤体验创意实现的全过程,学会利用开源硬件设计、制作作品,并利用图形化工具编程实现其功能,将想法"活灵活现"地呈现出来

2.让未来实验室的学习向四面八方打开

比如,在生态智造实验室,学校打造了"三百园"(百草园、百花园、百果园)、土培水培科技种植区、稻食文化区等,并与太湖湿地公园合作研究水文化、桑蚕文化、渔文化;在未来工程师实验室,开设有桥梁设计与承压、园林建筑模型、木工坊项目等课程;在海陆空模型基地,开设关于航海模型、车辆模型、飞机模型的文化学习及模型制作课程……这些科技课程,有的结合中国传统文化,有的利用学校及周边环境资源,有的是当代科技发展热点等。每一个课程,都力求贴近学生的生活。

三、变革教与学方式,STEM教育成效初显

世界著名的科学杂志《自然》指出,人人都是科学家,只要从小就给他们合适的科学

教育。而这个合适的教育要培养的就是学生的 5C 核心素养。STEM 教育通过方方面面，尤其是教与学的方式，致力于学生想象力、思维力、创新力、合作力的培养，以期给予其更好的未来。

1. 多元培养，创新科技教育模式

在日常教学过程中，学校要求教师优化教学方式，让学生结合生活实际开展研究型、项目化及合作式学习，运用多学科知识与技能，多元培养学生核心素养。例如，在提倡绿色生活上，学校积极从改善环境质量着手，全面推进科学绿色生态生活教育，并结合绿植创客教育，让学生爱护绿色植物、珍惜生命，从小形成环保意识。同时，学校通过不同年级，分层开展创造性季节种植、环保 DIY 种植、创意花盆种植、水循环生态种植等活动，为学生提供一个现实中能参与长期科学探究创新活动的平台。学生可以通过云监控系统监测温度、湿度对植物生长的影响，运用大数据进行对比和分析，掌握科学的种植方法；可以通过影像记录，观察植物的生长过程，了解昆虫对植物生长的影响，利用益虫来保护植物。在项目实施过程中，教师引导学生提出问题、设计方案、科学观察、实验探究、比较总结，提高学生撰写观察日记、科学小论文、科技小报告的能力。

2. 以赛促优，培养学生科技素养

学校现开设有科技模型、机器人、3D 打印笔创意绘画、未来工程师、头脑奥林匹克、增材智造、创意编程等科技社团，各班级学生自愿报名，按学生兴趣特长分配，利用每周四社团课，培养学生的科技技能和科学思维。同时，校园里丰富多彩的科技节活动，如海模竞赛、科幻画竞赛、立体字母竞赛、车模竞赛、抗病毒服装设计竞赛、科普剧竞赛、小发明小制作竞赛、机器人竞赛等，为学生提供展示技能的舞台。学校还鼓励学生走出校园，参加各级各类科技竞赛，在全国第五届 STEM 教育与项目式学习展评中荣获二等奖，在江苏省"我爱祖国海疆"航海模型竞赛中荣获 8 个一等奖等，获得了良好的社会反响。

参考文献

[1] 魏锐，刘坚，白新文，等."21世纪核心素养5C模型"研究设计 [J]. 华东师范大学学报（教育科学版），2020，38(2)：20-28.

[2] 钟启泉. 基于核心素养的课程发展：挑战与课题 [J]. 全球教育展望，2016，45(1)：3-25.

[3] 杜文军，朱亚丽. 基于"5C"模型的核心素养培养案例分析 [J]. 教学与管理，2019(2)：98-101.

信息技术环境下STEM教育探究

□ 张家港市白鹿小学　顾唯一

【摘　要】 以信息技术为代表的现代科技，已经广泛应用在教育领域中，由此构建起的现代科技环境，有助于提升教育水平，尤其是在STEM教育中，运用信息技术，通过现代科技视角，对STEM教育进行实践和研究，围绕设计理念、设计原则及活动过程展开讨论，帮助学生综合素养及实践能力的快速提升。

【关键词】 STEM教育；情境融合；协作学习

在以信息技术为代表的现代科技环境营造的教学环境中，将科学（Science）、技术（Technology）、工程（Engineering）及数学（Mathematics）学科相互融合，教师根据学生平时的学习探究能力，结合学校探究性主题内容制订合适的探究实践规划，既能让学生在平时的学习探究过程中提升实践能力，又能优化课堂教学环境，还能不断促进学生综合素养的全面提升。

在STEM教育理念下，要让学生在学习过程中获得良好的学习体验，同时不断锻炼学生的实践能力，最大程度地让学生在相互融合的学科学习中，形成创新型学习意识，采用创新的学习方法，以此提升学习能力。尽管STEM教育包含多门学科，但是该教育形式是将每个学科所具有的优势融合，从而产生新的教育体系，学生可以在学习运用不同学科知识的过程中锻炼实践能力，同时拓展学习视野、积累学习经验、激发学习兴趣。

基于STEM教育理念，在不同的学习活动中，培养学生针对所遇真实问题的分析能力、解决能力、协助能力及批判性思维能力。为强化学生对知识的理解和掌握，在跨学科教育模式中，将现代科学技术应用在教学中，并以此构建带有真实信息的情境，要求学生通过对实际问题的学习，形成探究、思考及解决问题的意识，使学生在解决问题中找寻灵活运用不同学科知识的方法。

一、提升STEM教育设计理念

将科学、技术、工程及数学等学科相互融合，建立STEM教育体系，使不同学科的知识产生关联，让学生从多角度分析出现的问题，以此借助不同学科的知识解决问题，从而培养学生的综合素养。在STEM教育理念中，运用现代科学技术营造的学习环境，我们应坚持以学生为本的创新教学理念，让学生在日常的教学安排中学习知识，在学习的过程中灵活应用知识，从而不断增强学生的探究实践能力，以此形成目标导向与任务驱动及教、学、做三合一的创新型教学模式。在课堂上，教师不只是要向学生讲解学科知识，还应通过活动、实训等方式，让学生对学习时出现的问题形成思考意识，通过批判性思维找到解决问题的方法，在探究中应用解决问题的方法，使学生的创新能力及完成驱动性目标的能力得到有效的提升。

二、优化STEM教育设计原则

多种学科进行整合后，形成全新的科学教育模式，需要教师重视不同学科学习理念的培养，将跨学科具有的知识形态和学习思维，通过学科的整合融合在一起，并将不同学科蕴含的精髓展现出来，以此为STEM教育设计原则，让学生可以多角度、多层次地解决遇到的问题。

在现代科学技术特别是信息技术环境下的STEM教育过程中，营造真实的学习环境，激发学生在教学情境中的学习兴趣，同时根据学生的特点设定适合学生学习的内容，以此帮助学生找到正确的探究方法，通过形成正确的探究意识，促进学生良好探究习惯的养成。在STEM教育理念中，教师应积极转变传统的教育教学理念，发挥引领指导作用，将学生确立为课堂探究学习的主体，引导学生在真实的驱动性任务情境中，理解和掌握相关技能和学科知识。

进行课程设计时，教师应明确教学目标，围绕目标设定有针对性的探究内容，通过让学生完成不同的驱动性目标任务，调动学生主动探究的积极性和意识，更大程度地激发学生的探究、学习兴趣，这有助于学生通过任务获得学科知识。

构建现代信息技术环境下的STEM教育环境，教师应强调能力本位的知识学习过程，让学生在探究学习的过程中，将应用于实际的能力作为增强学习、探究能力的载体。在能力本位知识学习过程中，学生需要经过系统的培训，将应用能力作为优先提高对象，才能突显在STEM教育理念下，学生在学习任务中获得良好的锻炼，进而在锻炼中提高个人学习能力；学生在完成任务过程中，不仅积累学习经验，还能构建完善的知识体系。学生在STEM教育理念下学习，需要在学习中寻找自我发展方向，并在确定方向后，不断强化学习能力，更好地应对不同学科的学习任务。

在丰富的情境教学活动中，学生可以在实践中锻炼探究能力。STEM教育是将多门学科融合建立起来的教学体系，每门学科都强调学生应具有良好的动手能力，通过实践操作获得相应的知识。教师在教学实践过程中，应组织学生努力参与探究活动，对学生的学习意识及采用的学习方法进行指导，真正体现学生是探究主体，使学生可以更好地融入项目情境，进而完成教师布置的研究任务。

三、丰富STEM教育活动设计

（一）以融合STEM教育为主导，精心设计教学内容

以现代信息技术为基础，营造具有真实生活特点的学习情境，融合STEM教育理念，教师应为学生精心设计探究内容。在不同学科融合过程中，由于每个学科都存在多元化特点，学生若单纯地借助一种学科知识，很难解决实际问题。在传统的教学模式中，教师以自己为教学主体，强调学生的考试成绩，而未能培养学生应用学科知识的能力，导致学生学习的知识与实际生活缺乏联系，学生普遍存在"高分低能"的情况。所以，教师在制订探究计划时，应结合驱动性目标内容，根据学生的学习探究能力，让学生在合适的探究实践规划中，激发学习、探究兴趣，同时展现出良好的积极性，主动参与到探究中。

（二）以现代信息技术为手段，项目引领情境学习

在STEM教育理念中，不同学科的知识所蕴含的精髓，可以在真实的情境中表达出来，而且应用现代科学技术，以信息技术为例，可以让学生在多媒体环境中，以真实的生活场景为学习环境，让学生通过视频等方式，将抽象概念的知识转换成形象直观的方式表达出来。教师应依托信息技术，为学生设定项目工作内容，将项目内容作为学习导向，让学生在特定的情境中，作为解决问题的关键点，主动探索相关知识，从而摸索出一条适合自己学习的方法。在对设定的项目工作完成的过程中，可以让学生在情境中获得良好的学习环境，以此帮助学生深化知识，掌握相应技能，从而更好地应用知识解决实际问题。

（三）以问题解决学习为主线，构建素质培养体系

在STEM教育理念中，学生需要解决的问题具有复杂性特征，尤其是在不同学科相互融合过程中，建立的综合学科体系，要求学生具有跨学科学习能力，同时将不同学科的

知识作为基础,构建属于自己的知识体系。在教学过程中,教师应将解决问题作为学生学习的主线,将具有创新意识的理念作为构建综合素质培养体系的核心,让学生在学习过程中,在情境中更能感受到学习具有的真实感觉,以此帮助学生有效地解决问题,即便在应对复杂多样的问题时,也能展现出从容不迫的态度,体现出学生具有的综合素质。

（四）以自主探究问题为策略,协作学习互惠互利

在STEM教育理念下,学生需要增强对学习的体验,在体验中获得思考和感悟,才能将自己的意识融入学习中。教师要帮助学生形成良好的探究习惯并制订研究方案。在新时代发展背景下,学生不仅应掌握多种学科的专业知识,还应具有良好的自主探究学习及协同合作学习能力。学生展现出良好的自主学习能力,会主动完成学习目标,并在完成过程中主动搜集相关的学习资源,以此更好地完成探究任务,同时拓展学习视野,积累知识。通过协作学习,学生相互合作,在交流中加深情感,并根据任务要求对问题进行探究;在探究中,学生会将自己的想法表达出来,从而锻炼自己的语言表达能力,更加深刻地理解和运用所学的知识。

综上所述,在以信息技术为代表的现代科学技术环境下,基于STEM教育理念,教师应根据学生的探究能力,结合教材内容制定合适的探究目标,并努力为学生构建真实的生活学习探究环境,让学生在情境中锻炼完成驱动性目标任务的能力;并且在激发学生学习、探究兴趣的同时,还能拓展学生的学习、探究视野,在跨学科的教育体系中,帮助学生形成自主探究意识,增强合作交流能力,为学生综合素养的全面提升打下坚实的基础。

参考文献

[1] 娄华英等. 跨界学习:学校课程变革的新取向[M]. 上海:华东师范大学出版社,2018.
[2] 朱丽娜. STEM教育发展研究与课程实践[D]. 南京:东南大学,2016.

网络名师工作室 施黎伟

领衔人简介

施黎伟,苏州市第三中学校(江苏省智慧校园示范校)高级教师,江苏省网络名师,江苏省施黎伟网络名师工作室领衔教师。目前负责学校信息化与教学深度融合工作。曾获苏州市高中课程与信息技术评优课一等奖。致力于信息化教学研究。从2015年开始录制系列微课,积累了2 500余节微课,视频制作已成体系,全网播放量累计达到千万次,多地开设信息化讲座,在《中国教育信息化》等杂志公开发表多篇信息化教学论文。网络教学课程案例获得了苏州市教育信息化教学创新案例(网络空间教学案例)一等奖、中央电化教育馆"互联网+"课堂案例三等奖、江苏省教育厅"领航杯"多媒体网络空间案例一等奖。2019年,参加了苏州广播电视总台"苏州师说"总决赛,荣获了"新锐演说达人"和"新锐演说家"两个奖项。

工作室介绍

江苏省施黎伟网络名师工作室2021年经江苏省教育厅批准正式成立,由苏州市第三中学校施黎伟老师担任工作室领衔人,工作室团队成员都是具有新时代信息化教学经验的年富力强的一线骨干教师。工作室宗旨是"成就教师,服务学生"。

成就教师:施黎伟老师在信息化教学领域有一定的积累,希望能利用这个网络名师工作室将自己在信息化教学中的一些技巧和经验分享给工作室的教师。工作室把教师聚在一起,一起学习技术,一起研究解决问题,一起进步,打造一支优秀的网络教学团队,涌现出更多的信息化教学名师,成就教师,这是工作室的重要宗旨!

服务学生:教学是教师和学生的双向互动过程,信息化教学也是如此。教师团队研究信息化教学离不开学生参与互动的过程,这同时也是工作室团队为学生进行教学服务的过程。工作室团队希望能够利用信息化手段,让更多的学生得到高质量的信息化教学服务!

最后,力争在三年的活动中,工作室的每位学生都能不断进步,保持优秀,每位教师都能在信息化教学领域再上一个新台阶!

用"一群人的智慧"助力智慧校园

□ 苏州市电化教育馆　彭　飒

江苏省施黎伟网络名师工作室领衔人说:"最早在2014、2015年的时候,我已经意识到将来网络教学有很大的作用,所以我就想我能不能把我的教学内容放到网络上,供需要的人随时随地去观看、去学习,这是我做网络教学的初衷。随着工作不断推进,我发现越来越多的人在网上看到我的视频,并对我进行反馈,这促使我不断地去坚持做这样的一件事情。"

随着教育信息化的快速发展,信息化手段在学科教学上的作用愈加明显,施黎伟开始召集更多的老师一起参与智慧化教学。直至2020年年底,他申报的网络名师工作室顺利入选第二批江苏省中小学网络名师工作室名单,这让他距离打造高水平信息化教学团队又更近了一步。

施黎伟说:"本来是一个人在战斗,现在是一群人在前进,我觉得这是最大的改变。依托这样的网络名师工作室,我们进行了很多研究。学校取得的苏州市前瞻性项目正好是基于线上教学,与网络名师工作室也是相关的,学校成为苏州市教育科学研究院省级重大项目的领航学校,网络名师工作室的建立和学校发展的轨迹合拍,这样不光是我有提升,教师还有学校也都能更好地向前走、向前进,这也是我建立网络名师工作室非常大的收获。"

据了解,目前工作室由施黎伟领衔,有2名核心成员,更多成员是网络聚集起来的教师。工作室邀请第一批网络名师及数学学科专家作为顾问,围绕教师自媒体运营,建立教师网络教学研究共同体,让线上线下教学有效深度融合,助力智慧校园建设。

施黎伟说:"我们的目标是能够利用网络去赋能教师,让教师能够在网络上发出自己的声音，再往上提升他自身的教学影响力。因为苏州市第三中学校是江苏省智慧校园示范校，是苏州市信息化教学的'领头羊'，学校的整体硬件环境非常好，那么我们就是利用学校现有的条件，然后去想如何把学校的教学与信息化充分的融合，让教学信息化能够真正帮助学校去提升教学质量。"

工作室以原有的网络教学平台和资源为基础，搭建一个全媒体、广覆盖的网络教学平台，让教师通过平台进行网络教学实践探索，开发资源，提炼研究成果。

施黎伟说："以前很多人觉得线上教学是一部分，线下教学是一部分，两部分是割裂开的。线上教学的好处是非常容易收集、统计数据，比如学生看视频的时长，学生回答问题的情况等，根据这些数据我们可以思考线下教学要怎么改进。融合线上、线下教学是我们的创新点。让教师在自媒体当中既方便又有效地去传播自己的教学内容，也是我们教师自媒体项目的亮点和创新点。"

施黎伟网络名师工作室成员郭琴琴说："作为一名新教师，不管是教学方面还是教育学生方面我都稍显稚嫩，在工作室有很多优秀的、有经验的教师，他们会跟我们分享一些教育教学上的经验，这对我们专业知识的丰富，专业技能、教学设计水平的提升及信息技术使用水平的提高都有很大的帮助。"

据施黎伟老师介绍，工作室下一步的目标是在三年内培养出一定数量的省、市级骨干教师、学科带头人，高质量完成一个至少市级的教科研课题，最终汇编成包括课程、论文、教学研究反思的线上教学案例集。

施黎伟说，《江苏教育信息化2.0行动计划》已启动，要求江苏省基本实现数字化教学覆盖全体教师，泛在化学习覆盖全体适龄学生。网络就像一个放大器，有了网络你就可以不断地上传教学和课程内容，在网络上分享、推广，让更多的人看见。

复合数据驱动下的数学教学模式实践和探索

□ 苏州市第三中学校　钱　量

【摘　要】随着教育数字化转型发展日益深入，数据驱动教学决策成为目前教学研究中的一个新的亮点。数据驱动教学决策大致可以分三个步骤：①搜集教学数据；②建立模型，进行数据分析；③利用分析结果进行教学决策。本文利用学校使用的大数据系统，从"复合数据"的角度，进行数据驱动下的教学模式的探索和实践，为教师利用数据进行高效教学提供了示范，也为数学教师开展数据驱动教学实践提供"脚手架"式的支持。

【关键词】复合数据；数据驱动教学；大数据分析

随着大数据技术的快速发展，把大数据技术应用在教学中已经成为衡量教学效果的重要标志之一，也成为教师教学决策的重要依据之一。利用搜集的教学数据，建立模型，分析数据，从而提升教学决策的精确性和有效性，这成为教师的必备数据素养。

一　"复合数据"驱动的教学决策框架

（一）"复合数据"的基本概念

"复合数据"是计算机科学中的概念，用多个数据组成一个分析对象即为"复合数据"。换言之，复合数据对象包含多个数据，比如一个数组(x,y)在计算机中就是一个复合数据，其中有2个数据对象。所以复合数据是一种"多维度"的数据，能体现更多的数据信息。

（二）数据驱动的教学决策框架

平时教师都在"用而不自知"地进行"数据驱动的教学决策"。比如通过比较各班均分而进行分层教学；通过对比考试数据找到"临界生"从而进行针对性教学；教师统计每题的错误情况,有针对性地进行教学,这些都是利用数据驱动进行教学决策的行动。

大数据人工智能系统能引入更多"复合"的数据,得出更精细、有效的分析结论,做出更精准的决策,从而提高我们的教学效率。

利用数据进行决策大致分三个步骤(图1)。

第一步:搜集教学数据。

第二步:建立分析模型,分析数据得出结论。

第三步:根据分析结论形成教学决策。

利用大数据系统可以搜集更多的数据,进行更多的数据分析,其中第一步主要是基于大数据系统的硬件,把各种教学数据输入大数据系统;第二步是基于大数据系统的软件和构造的分析模型,得出基本分析结论;第三步是最重要的,根据教师的经验结合教学数据分析,形成最终指导教学的决策。框架最终目标是对常规教学的大量数据,利用大数据系统层层提炼,最终得出指导教学的有效决策。

图1 数据驱动教学决策框架

二、"复合数据"驱动教学决策的实践案例

与传统的、只分析一个数据的教学决策相比,"复合数据"分析能体现更多的信息,从而能更精准地指导,以形成教学决策。

笔者以"极课大数据系统"中的"得分率"和"区分度"这两个数据为例,利用坐标系组合成"复合数据"进行教学实践研究和探索。

(一)单个数据含义

"得分率"计算公式:该题得分率$=\dfrac{该题均分}{该题满分}$。

得分率反映了班级学生做对这道题目的比率,得分率越高说明题目相对班级水平来说越简单;反之题目越难。

"区分度"计算公式:该题区分度=排名前27%的学生的得分率-排名后27%的学生的得分率。

对区分度有如下说明:①区分度取值在-1和1之间;②区分度如果是负数,说明后面的学生反而比前面的学生做得好,一般来说可能题目有问题或者考试有问题,在这里我们不做区分度为负的考虑;③区分度越小,说明此题前后两部分学生相差越不明显,简称区分不明显;④区分度越大,说明前后两部分学生相差越明显,简称区分明显。

基本上很多数据分析软件中都有"区分度"和"得分率"的分析模型,如果把这两个模型结合起来就能得到很好的教学指导。

(二)"复合数据"含义

最基本的"复合数据"就是二维数据。研究二维数据可以通过建立二维直角坐标系的方式,用不同区域的二维数据代表不同类型的教学情况,通过这样的"图形化"表示,能直观展示教学情况。教师通过分析数据再做出对应的教学决策。

对得分率和区分度进行分析,建立二维直角坐标系,将第一象限划分成A、B、C、D四个区域(图2)。

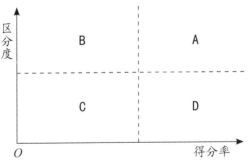

图2 得分率和区分度组成的四个区域

利用这个复合数据图形,能够展现对应题目更多的信息,说明更多的内容。

A区:得分率高且区分度高。得分率高说明绝大多数学生都能做,但是区分度高说明学生之间差距很大。综合分析,说明A区题目只有排名靠后的一些学生没有做出来。

B区:得分率低但区分度高。得分率低说明绝大多数学生不会做,但是区分度高说明学生之间差距很大,说明B区的题目只有排名靠前的学生会做。

C区:得分率和区分度都低,说明学生都不会做,并且差距都不大。

D区:得分率高但区分度低,说明学生都会做,并且差距都不大。

(三)利用复合数据驱动指导教学

依据以上的复合数据,笔者得到了更多的信息,在对题目进行复合数据分类后对题目有了更深入的理解,从而有利于做出更精细的教学决策,能够对教学有指导性的作用,具体细节如表1、图3所示。

表1 不同区域的题目特征及对应的教学决策

区域	题目特征	教学决策
A区	题目得分率高且区分度高。说明班级学生整体对此题掌握很好。区分度高,说明就剩下一些"尾巴学生"不会做此题。所以对这些排名靠后的学生来说,这题是"易错题"	讲解此类题,应针对"尾巴学生"进行分层讲解,做好"易错题"积累,就能起到很好的效果
B区	题目得分率低,但区分度高。说明班级学生整体对此类题还不是很理解,但是排名靠前的学生都会做,说明这类题的得分率在班级的教学环境下还是可以提上去的,只要教师认真准备,进行针对性训练,此类题的得分率能够提升很快。所以这类题目是班级整体的"关键题"	讲解此类题,学生成绩能够比做其他题目提升更快。故教师应该认真细致地备课,同时准备一些"同类题"训练,可以起到很好的效果
C区	得分率和区分度双低的试题。说明学生普遍不会做,此类题目可能超出了目前班级学生整体的接受能力,这属于"超级难题"	讲解此类题,很可能投入与产出不成比例,可能花了很多时间讲解,并没有达到效果,如需要讲解,教师必须认真准备,研究讲解方法,力求起到好的讲解效果
D区	得分率高但区分度低的试题。说明大家都会,且差别不大,这属于"超级简单"的题目	此类题不需要花大力气讲解,最多针对个别学生单独辅导

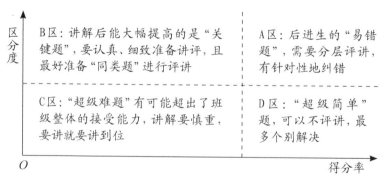

图3 得分率和区分度组成的四个区对应的题目特征和教学策略

有了题目特征分析以后，我们从数据转换看对应教学的有效讲解路径应该分为以下几种情况

转换一（C区→B区）：对于"超级难题"，教学目标是先让部分学生明白，虽然得分率没有提升，但从数据上看区分度有提升，这时可以把出现在C区的同类题目转换成B区的题，说明对于难题的讲解是有效的。

转换二（B区→A区）：对于"关键题"，教学目标是绝大多数学生能够会做且做对，那么有效的讲解必然能提升得分率，所以从数据上看，得分率上升，可以把B区的同类题目转换成A区的题目，说明讲解也是有效的。

转换三（A区→D区）：对于"易错题"，把排名靠后的一部分学生的问题解决后，同类题再出现的话，必然变为D区的题。所以有效讲解路径如图4所示。

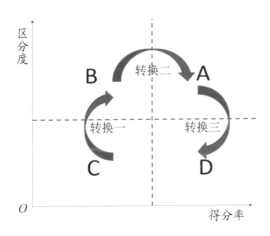

图4 数据驱动下的教学有效讲解路径

（四）案例分析

1.案例分析一

以下是2020年1月苏州市第三中学校高一期末考试数据（图5）（来源于极课大数据系统），其中有一道题目区分度为1，得分率为0.5，该题区分度高、得分率不高，属于B区的题目。

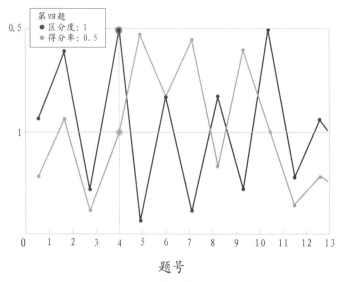

图 5 区分度、得分率数据

通过分析,此题是提分的关键。研究发现,很多学生是对同一个集合的表示方式的掌握有问题(图 6)(来源于极课大数据系统)。

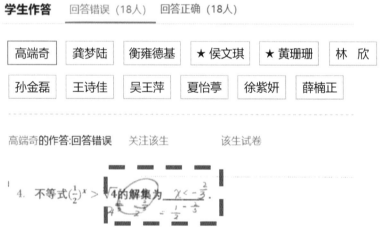

图 6 学生对同一个集合的表示方式的作答

经过细心分析,认真评讲集合的表示方式和注意点,到下一次考试同类题型区分度为 0.5,得分率为 0.76,区分度下降,得分率上升,同类题转为 A 区的题目(图 7)。

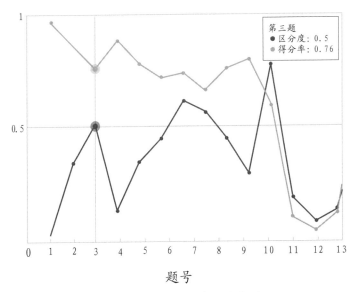

图7 同类题第二次考试数据变化

以上转变说明同类题向好的方向转换,教学效果显著,如图8所示。

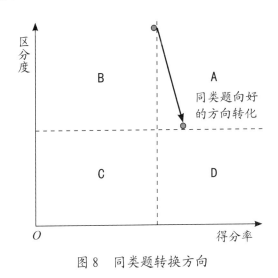

图8 同类题转换方向

2. 案例分析二

从数据的角度也能判断两次考试的情况(图9、图10)。

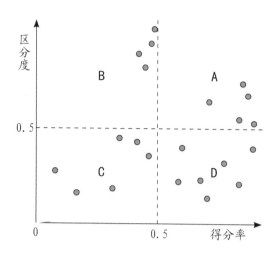

图9 2020年10月苏州市第三中学校高一(5)班月考得分率和区分度数据(共22题)

从教学效果来看,A区和B区是学生成绩提升效果较好的区域,讲解后能起到"事半功倍"的效果;而C区和D区的题目要么太简单学生都会做,要么太难学生都不会,讲解对学生成绩提升效果并不大。图9是2020年10月苏州市第三中学校高一(5)班月考共22道题目的得分率、区分度数据图,其中A区有5道题,B区有4道题,C区有6道题,D区有7道题。整体而言此张试卷A区、B区共有9道题,而C、D区共有13道题,说明这张试卷对于该班级学生来说,超级难题与超级简单题稍多,而关键题和易错题相对较少。

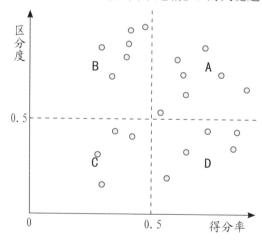

图10 2020年10月苏州市第三中学校高一(6)班月考得分率和区分度数据(共22题)

图10是2020年10月苏州市第三中学校高一（6）班月考得分率和区分度的数据，其中A区有7道题，B区有6道题，C区有4道题，D区有5道题，A区、B区域题目较多，说明针对这张试卷评讲教学效果比较好。

（五）更多"复合数据"驱动教学模型探索（图11）

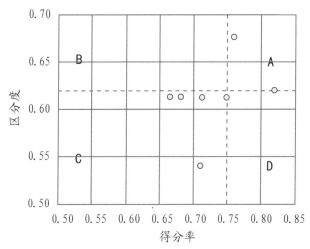

图11 苏州市第三中学校高一年级整体得分率和区分度复合数据指标（共7个班级进行分析）

以上讲了关于得分率和区分度的"复合数据"指标，其实在实际的教学过程中还有很多其他的"复合数据"指标，只要教师有心，也能得到很好的结论。

比如，图11是苏州市第三中学校高一的7个班级2020年10月的复合数据，通过对全卷得分率（满分150分）和每个班标准差（整体标准差0.75）的复合数据进行分析，笔者把数据放在平面直角坐标系中。

而区分度越大说明班级整体分差越大，班级成绩越分散，如表2所示。

表2 不同区域题目特征及教学决策

区域	题目特征	教学决策
A区	得分率高且区分度大。数据显示本次考试对该班的学生来说简单，但是数据分散，结论应该是有个别的"后进生"的特殊数据存在	整体班级情况较好，教学中应该关注后面的学生没有做出来的原因，这个班级需要抓"后进生"
B区	得分率高但区分度小。数据显示本次考试对于该班的学生来说简单，且数据集中，而且大家做得都很好	教学中此班对于这种试卷可少评讲或者"点到为止"

续表

区域	题目特征	教学决策
C区	得分率低且区分度小。数据显示本次考试对于该班学生来说较难,且数据集中,说明大家做得都不好	教学中这个班级整体考试不理想,需要教师关注整体,抓紧提升成绩
D区	得分率低但区分度大。数据显示本次考试对于学生来说较难,数据分散,说明班级总体成绩不理想,有个别"特高分"的数据存在(因为本身得分率低,所以"特高分"出现的概率比较大)	教师在教学过程中应该关注这些高分学生是怎么做出来的,他们的思路能否推广到所有的学生

7个班级中有5个在C区,说明这次考试对于学生来说比较难,有2个班级在A区说明这两个班级的整体成绩较好,整体得分率较高,有部分学生分数较低。

三、数据驱动决策教学模式总结

随着大数据和信息化的快速发展,信息技术正在推动精准教学发展。除了以上"复合数据"的精准教学模型之外,在实际操作过程中还存在模型校准与检验、统计软件的分析配合、图形化展示、教师的信息技术素养等各种要素的配合。本文根据数据分析模型提出了利用上述"复合数据"驱动教学决策框架,在教学实验中起到了很好的效果,也为将来更精准地用教学数据驱动教学提供了一个很好的模板。

参考文献

[1] 黄炜,王昭君,李锋.数据驱动课堂教学决策的分析框架与实践案例解析[J].中小学数字化教学,2021(7):32-36.

[2] 马晓艳,陈英.大数据驱动下的精准教学模式的构建及应用[J].创新创业理论研究与实践,2021(10):110-112.

[3] 戴维·纳蒂加.精通数据科学算法[M].封强,赵远风,范东来,译.北京:人民邮电出版社,2019.

线上教育驱动线下高中新教学模式的探索实践
——以苏州市第三中学校构建精品校本资源库为例

□ 苏州市第三中学校　施黎伟

【摘　要】随着信息时代的到来,"互联网+"已成教育发展的必然趋势。国务院发布的《国家信息化发展战略纲要》特别指出,要最大程度发挥信息化的驱动作用。2018年,苏州市教育局推出了"苏州线上教育中心"平台。2019年,苏州市第三中学校启动了"精品校本资源库"建设工程。本文主要阐述在信息化大背景下,学校以线上教育为驱动,以建立"精品校本资源库"为契机,从顶层设计、具体构建、实践探索三个方面,建构"线上教学"深度融入传统教学的新教学模式,最后给出经验总结,为学校的信息化教学提供框架和参考。

【关键词】"苏州线上教育中心";线上教学;微课;传统教学;"精品校本资源库"

一、背景

1. 信息化大趋势

随着信息化时代的到来,网课、网络阅读、在线测试等不断进入学生视野,越来越多的学生开始接受"在线学习"模式。"线上教学"已成为教育发展的必然趋势。

2018年,苏州市教育局牵头推出了"苏州线上教育中心"平台。平台以"苏州名师全过程全免费"为核心理念,同时贯通线上、线下,统筹教师资源、融合课内课外,范围覆盖苏州大市,为从小学到高中的学生提供在线教育服务。目前该平台主要有课程资源、网络答疑、在线直播、学习行为数据分析四大类教育服务功能。

其实，很多学者对"线上教学"这个课题进行过研究，如《慕课给基础教育带来的影响与启示》《面向 SPOC 数据的学习行为分析》等，这些研究都提出，在线教育对学生学习会产生深远的影响。

但这些研究多从学生角度展开，实际上，"线上教学"一旦要融入学校传统的"线下"教学，会使学校整体教学模式产生巨大的改变，将涉及学校教研活动、学校管理、教务安排等各个层面。如何让"线上"和"线下"的教育深度融合，而不是各自独立发展，正成为中学教学中一个亟待解决的问题。

2. 学校情况概述

苏州市第三中学校，是苏州市教育局直属的首批信息化试点实验学校之一。学校硬件设施完备，拥有可多机位录制视频的未来教室系统、大数据学情分析系统、基于线上教育中心的直播/录播系统，多类教学信息化互动系统等。学生都注册了"苏州线上教育中心"平台账号，学生在平台上的活动数据均可被搜集。

学校地处苏州市中心，学生不住宿，双休日在家，为了让学生能在线看到教师精心制作的讲解视频，2019 年年初，学校启动了"精品校本资源库"的建设。

于是，把优秀的微课上传至"苏州线上教育中心"平台，让原本静止的"微课"流动起来，让学生能通过在线平台随时随地学习。同时让线上数据带动线下教学，促进成体系的"精品校本资源库"的建设，成了这次实践探索活动的关键目标。

二、顶层设计

1. 增强循环

在线教育两大核心：一是平台，二是内容。平台，有"苏州线上教育中心"平台；内容，出自学校的"精品校本资源库"。要使得系统不断发展，必须存在相互促进的增强回路。

资源库中高质量课程是在线教学的保障，为了制作优秀的视频课程，需要认真备课、反复研讨，这就助推了线下教学质量的提高。同时，学生的线上学习数据反馈，也会促进教师不断提升自己的课程质量。这样就形成了一个正向增强的循环。在此框架之下，在"苏州线上教育中心"和"精品校本资源库"就能深度融合，相互促进，如图 1 所示。

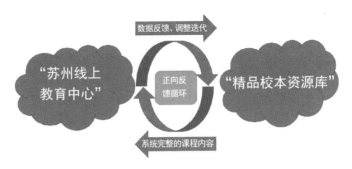

图1 "苏州线上教育中心"与"精品校本资源库"相互作用的增强循环模型

2. 及时反馈

学习反馈指的是将学习活动的结果信息提供给学习者的活动。具体来说,在学习过程中应建立及时并且完善的反馈机制,一来学生可以观察自己付出努力所产出的实际结果,二来教师可以通过反馈来考查学生掌握程度,调整自己的授课方式,再进行新一轮的改进。这样不断反馈,能有效帮助学习者调整、精进。

传统学生学习的一个大问题在于难以及时反馈,一旦学生作业中碰到问题苦思不得其解时,最快也要第二天才能得到教师的反馈,这样就错过了学习知识的绝佳时期。

线上学习课程以"微课"学习资源为载体。"微课"视频资源可以多次使用,反复播放,随时暂停,"有问题,看微课"或者"先看微课,再解决同类问题",都是一种有效的及时反馈。所以,在线教育平台中的"微课+问题"模式能充分强化教学反馈意识,调动学生学习的积极性与主动性。

三、具体构建

1. "精品校本资源库"内容构建

精品校本资源库构建的目标是以校本数字化资源标准为基础,建立一个能不断积累迭代,保证学校教师能够共享共用且满足在线教育应用需要的资源库。

为此,学校基本分三步走。

第一步是准备阶段:学校各个教研组仔细讨论,建立相关标准规范和框架。

第二步是构建阶段:首先培训教师制作微课,同时建立"精品校本资源库",由教研组长统一审核上传,教务处统一管理,教师随时能够下载用于线下实际教学活动。精品校本资源库还能为苏州线上教育中心提供内容,与线上教育形成"正反馈"回路(图2)。

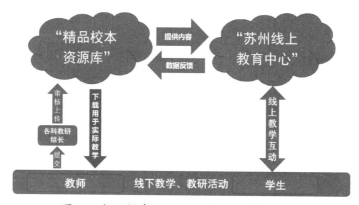

图 2　线上教育驱动校本资源库建设模型

在具体操作层面上，学校采用360云盘（企业版）建立精品校本资源库，给每位教师分配专有共享云空间，随时可下载资源库内资源。选择360云盘主要原因有两点，一是360云盘安全性较强，二是360云盘有多层级的访问权限控制功能，便于管理。

第三步是应用阶段：把"精品校本资源库"和"苏州线上教育中心"平台对接，在学校课堂上，教师布置在线学习任务，让学生在家利用平台进行线上学习，教师在后台可观测学生线上学习数据。

2."苏州线上教育中心"内容构建

有了校本资源库，教师把素材资源上传至"苏州线上教育中心"平台，并发布课程，学生用账号登录平台，就能随时随地在线学习。

在线课程采用"课前+课堂+课后"三段模式。每段都内嵌"任务"模块，模块中可以加入"外部资源""引用资源+外部链接""添加练习"等项目。

教师根据备课设计，进入布置任务模块后，在"外部资源"处加入学校微课程视频资源，在"学生线上练习"处加入对应习题，这样就可以实现"微课+问题"课程的创建。学生看完微课后，会收到对应练习，做完练习立即得到反馈。教师在后台点击"查看详情"就可查看学生在线数据。

3. 教学组织构建

从教研活动的角度：首先，集体备课，准备需要完成的课程，分工完成，汇总到"精品校本资源库"。其次，由组长把关，优中选优。最后，将内容上传至"苏州线上教育中心"平台，学生回家在线学习后产生学习数据，教研组研究数据后改进教学，形成闭环回路，如图3所示。

图3 在线学习流程

同时,在教研组层面还应该在以下环节做出改变,才能使线上教学与线下传统教学真正深度融合。

(1)集体备课。

教研组集体备课要"线上、线下统一管理",要把线上教学作为完整备课的一部分。

(2)课堂教学。

教研组备课时切忌线上、线下毫无关联,必须让线上教学和线下课堂相互影响。比如在线上学习中学生反馈有问题的题目,线下可能要重点评讲;线下课堂学生存疑的题目,上课来不及讲,就利用线上教学课程专门讲解。

(3)作业练习。

教研组布置作业,必须线上线下互补。有了线上教学,原来的线下作业量需要适当减少,否则,既要学生完成线下作业,又要完成线上作业,增加了学生的负担。

(4)技术培训。

教研组每周例会都安排信息技术培训交流环节,研究如何录制微课,如何实现信息化教学,以及如何把信息技术与教学深度融合,这些已成为教学研究的常态化课题。

4. 学生学习模式构建

为了使学生线上学习能够获得最大的效果,学生传统的学习模式也要发生改变。

(1)统一思想。

线上学习与线下学习融合,是一次非常新颖的尝试。但尚有小部分家长仍视学生看手机为"洪水猛兽",为此要统一学生与家长的思想,家长要明确线上学习是整体教学的一部分,线上学习内容也必须严格、认真完成。

(2)及时反馈。

线上学习的重要特点是及时反馈,而很多学生只关注完成线上的任务,却不关注反馈数据。所以要培养学生关注反馈数据的习惯,错了要订正,积累的线上问题要解决,这样才能真正发挥线上教学的优势。

(3)统筹分配。

由于学生既有线上作业,又有线下学习内容,所以学生要关注自己时间精力的分配,需要线上、线下综合统筹分配时间,完成任务。

四、探索实践

为了评估线上教学效果,学校选取高一(7)班为实验班,以数学为主,连续两周,每天推送"微课视频+问题反馈"的线上课程。同时以高一(6)班为对照班,对照班不进行线上学习,相应内容在线下完成。

根据经验,教研组按照从易到难的顺序制定了1—3级的课程难度系数,通过对"苏州线上教育中心"平台搜集到的视频时长、课程难度系数观看完成率、练习完成率和练习正确率各种数据的分析,观察实验情况,随时改进。连续两周实验结束后,对实验班学生和参加教师分别进行问卷调查和访谈调查,并进行练习测试,评估实验效果。结合数据分析,具体经验总结如表1所示。

1. 从数据角度研究线上教学效果

表1 线上课程完成数据情况

序号	专题	视频时长	课程难度系数	观看完成率	练习完成率	练习正确率
1	阿波罗尼斯圆专题	11′20″	3	68%	92%	65%
2	点关于直线对称专题	7′47″	2	73%	97%	78%
3	直线关于点对称专题	5′30″	1	78%	94%	73%
4	"半圆"与平行直线专题	4′34″	2	84%	100%	65%

续表

序号	专题	视频时长	课程难度系数	观看完成率	练习完成率	练习正确率
5	"半圆"与旋转直线专题	7′17″	3	78%	97%	70%
6	求过圆上一点的切线专题	4′56″	2	86%	100%	95%
7	求过圆外一点的切线专题	3′59″	2	81%	100%	84%
8	求圆的切点弦方程专题	10′31″	3	78%	97%	92%
9	利用对称点求距离和最值	3′26″	1	82%	92%	76%
10	勾股定理求圆的弦长问题	2′05″	1	81%	100%	97%
11	过圆内点的弦长最短问题	5′58″	2	84%	95%	68%
	平均	6′02″		79%	97%	78%

(1) 视频不能"大而全",而要"小而精"。

上传的第一个视频专题"阿波罗尼斯圆",内容复杂,覆盖知识点众多,而且难度系数为3,难度大,视频较长。观看完成率为68%,练习正确率为65%,数据都不理想。后来教研组改变策略,不能"大而全",而要"小而精"。把知识点减少,尽量只讲一个知识点的内容,甚至是一个题目的具体解法。从后面的数据看,改变策略起到了好的效果。

(2) 以"问题"为导向。

从平均练习完成率97%来看,基本上所有学生都能在规定时间内完成练习。但是视频平均观看完成率为79%,显然低于平均练习完成率。经调研发现,原因是有部分优秀学生看了一半后觉得这部分内容自己已经掌握了,于是跳过视频直接完成练习。

这说明视频是为问题服务的,只有解决学生切实问题的视频,才能被更多的学生接受和观看。从另一个角度看,必须充分调研学生的问题,才能做出优秀的课程。同样,这也为"精品校本资源库"的建设提供了很好的参考依据。

(3) 难度分解,时间控制。

在实验中发现,把一个较难的课程拆分,把一点讲清、讲透,视频时间控制在5分钟左右,会得到比较好的线上教学效果。比如第4、第5个专题的课程,是把"半圆方程专题"拆分成两个小专题而得,第6、第7、第8个专题的课程是把"圆的切线专题"拆分成三个小专题而得,从练习正确率和练习完成率来看,效果都很好。

2. 从问卷调查结果和学生成绩看学生对线上学习的态度和教学效果

两周实验课结束后,教研组设计了表2中的四个问题,在线调查了实验班(39人)的学生,从中可以得出以下几点结论。

表2 学生对线上教学满意度调查

序号	问题	选项A	选项B	选项C	选项D
1	线上教学对你学习是否有促进作用	非常大(21%)	大(48%)	一般(13%)	没有作用(18%)
2	与传统作业相比,你是否喜欢进行线上学习	非常喜欢(33%)	喜欢(19%)	一般(25%)	不喜欢(23%)
3	你是否愿意老师继续使用线上教学平台布置学习内容	非常愿意(42%)	愿意(27%)	一般(19%)	不愿意(12%)
4	家庭是否支持学校使用线上学习	非常支持(29%)	支持(38%)	一般(26%)	不支持(7%)

(1)学生对线上学习的接受程度高。

对于问题3:有69%的学生愿意或者非常愿意教师继续使用线上平台布置作业,说明学生对线上学习的接受程度比较高。对于问题1:同样也有69%的学生觉得线上教学对自己的学习有大或者非常大的促进作用,说明学生觉得线上教学的确有效果。

(2)线上学习是对传统作业的一种积极补充。

对于问题2:与传统的作业相比,有52%的学生喜欢进行线上学习,说明学生总体对线上学习并不排斥,线上学习是对线下学习的一种积极补充。但教研组还是要合理分配线上教学与线下传统作业的比例。

(3)家长对学校主导的线上学习普遍支持。

对于问题4:有67%的家庭是支持或者非常支持学校主导的在线学习,只有7%的家庭是明确不支持学生线上学习的。这说明,大多数家庭对学校主导的线上学习是基本支持和认可的。

(4)线上教学的确有效。

实验中选取同一个教师所教的两个班级进行对照,在进行线上教学前的测验中,实验班平均分为96.5分(满分160分),对照班平均分为97.1分,实验班比对照班平均分低0.6分。在进行了线上教学两周后的测验中,实验班平均分为96.2分,而对照班平均分为

93.7 分,实验班比对照班平均分高出 2.5 分,实验班平均成绩稍有提高。

关键是教研组在分析测验的知识点得分率后发现,在"阿波罗尼斯圆""圆的方程""圆切线""圆的弦长"等知识点上,实验班比对照班的得分率分别高出 5.5%、13.9%、8%、2.4%,而这些在线上教学中都有涉及,说明线上教学不仅能够有力推动"精品校本资源库"建设,而且是传统教学的重要补充。

3. 从教师访谈角度分析线上教学效果

针对教师对待线上教学的态度、教师在线上教学上付出的精力等问题,学校对高一的 6 位数学教师进行了深度的访谈,得到教师反馈如下。

(1)形式新颖,激发兴趣。

线上教学的形式新颖,能够激发学生对学习的兴趣。有的班级学生看到实验班在进行线上学习后,主动要求参加,这说明学生很愿意进行线上学习。

(2)有效补充,效果显著。

在整体规划的前提下,线上教学是对传统教学的有效补充,而且是"数据驱动",特别是对于一些关键性的专题,线上教学的确能起到很好的效果。

(3)一次备课,多次使用。

线上课程特点是前期备课投入时间多、精力大,但是一次备课,可重复使用。教师在认真备课后把课程放到线上,不仅可以让实验班完成,还可以发布到整个年级(本次实验由于要进行实验对照,故没有发布到全年级)。并且课程一旦打造完毕,进入学校的视频库,可以反复使用,从长远看,教师是有帮助的,而且对以后的教学也能起到积极的指导作用。

4. 从视频库建设角度看线上教育

在两周的数学线上教学实验中,高一数学组针对 11 个专题,制作了 54 个基础视频,平均每个专题约 5 个视频。加上针对性练习,再优中选优,把视频剪辑,形成 11 个专题视频课程,最后把这些内容都上传至学校视频库。这样不仅丰富了视频库的基本内容,而且为将来的重复使用创造了条件。只要把这样的线上、线下教学模式继续下去,学校的校本资源库就会不断丰富,也会对将来的教学起到非常好的帮助作用。

五、经验思考

1. 线上教育方向正确,学生接受度高

实验表明,学生对线上教育普遍是认同的,线上教育将是未来教育的趋势。现在的学生,是移动互联网的"原住民",很多学生本来就对信息化设备非常熟悉。班级里有39个学生,都能熟练操作电子产品,并完成线上测试内容。通过调查问卷,近70%的学生觉得线上教学更容易接受,在学习遇到困难的时候,线上教学能够提供真正的帮助。

2. 对教研组织有较高要求,必须注意教师培训研讨

线上教学对教师和教研组有较高的要求,教师不仅要有扎实的课堂教学能力,对学生学习程度有效把握,还必须有很强的信息技术能力,能够录制微课,在线编辑试卷,搜集学生在线数据并且进行分析,甚至还需要有直播能力。而教师的这些能力发展,要求学校必须积极组织教师学习和培训。

同时,线上教学也考验教研组的管理能力。其实,每个教师都有自己的特长,以数学教研组为例,有的教师备课到位,有的教师搜集题目能力强,有的教师应用信息技术的能力强。在集体备课的时候,必须发挥各个教师的长处,每位教师完成线上教学清单"拼图"的 部分,这样才能达到事半功倍的效果。

3. 需要学校、家庭、学生三方统筹管理配合

线上线下融合教学,需要学校、家庭、学生三方面统一配合才能完成。如果三方没有沟通,有一小部分学生面对网上的"诱惑",很容易以"线上学习"为借口,在网上做与学习无关的事情。

所以,学校首先必须跟家长说明,只有家长认可,对学习不自觉的孩子进行适当的监督,才能顺利推进在线教学。当然,学校必须及时把线上学习的情况反馈给家长,让家长能够及时掌握孩子线上学习的情况。

4. 需要线上、线下相互促进,资源库建设初见成效

由于有了线上教学内容,学校资源库不断积累,整个资源库建设初见成效。同时,资源库的建立也为以后线上教学的顺利开展打下了坚实的基础。

以数学视频为例,目前学校资源库中数学视频已累积达到1 981个,有135个"视频+习题"的系统完整打包素材资源,形成42个系列专题课程。

资源库的建立是一个不断积累迭代的过程,随着线上教学的开展,视频资源会越积越多。在资源库的建设过程中,经常会碰到一个知识点对应多节微课视频的情况。于是,就出现了"优胜劣汰",资源库不断更新,内容越来越好。

5. 需要学校教学管理上升一个新台阶

线上、线下教学需要学校的管理上升一个新台阶。从学校的教学管理来看,线上教学

管理被搬上了教学管理的"日程表",主要体现在以下两方面。

第一方面:需要学校在线监督学生学习情况。从以前的点名、统计作业、登记成绩等传统监督手段,变成了现在的学生收看时长、学生学习完成度、学生在线签到、学生作业正确率等网上数据管理。

第二方面:需要根据线上管理数据反馈不断调整线下教学内容。不仅要线上搜集管理数据,还要线下对线上的数据进行处理。目前在学校层面,已有专人负责线上数据处理工作,对线上数据进行分发管理。

参考文献

[1] 焦建利. 慕课给基础教育带来的影响与启示 [J]. 中小学信息技术教育,2014(2):10-12.

[2] 刘敏. 面向SPOC数据的学习行为分析 [D]. 武汉:华中师范大学,2015.

[3] 彼得·圣吉等. 第五项修炼:知行学校:全2册 [M]. 李晨晔,译. 北京:中信出版社,2017.

[4] 丹尼尔L.施瓦茨,杰西卡M.曾,克里斯滕P.布莱尔. 科学学习:斯坦福黄金学习法则 [M]. 郭曼文,译. 北京:机械工业出版社,2018.

[5] 杨保建,蔺艳娥. 开放大学混合式学习教学设计与分析 [J]. 重庆广播电视大学学报,2016(5):25-29.

[6] 宋惠英,顾强. 普通高中微视频资源库的构建与应用研究:以数学校本课程开发为例 [J]. 内蒙古教育,2018(1):91-92.

网络名师工作室 夏敏

领衔人简介

夏敏，张家港市教师发展中心副主任，中小学高级教师，苏州市名教师，张家港市首届港城教育领军人才，苏州市小学科学专业委员会副理事长。先后获得苏州市优秀教育工作者、江苏省优秀青少年科技辅导员、江苏省基础教育课程改革先进个人、江苏省先进农工党员、张家港市杏坛公仆等荣誉称号。被聘为张家港市小学科学半脱产班兼职教员，苏州市民办教育发展项目科学课程·科学社团项目专家顾问和特级名师。江苏省教育厅评审专家库成员（小学科学学科）。多次获苏州市基本功竞赛一等奖、评优课竞赛一等奖，并在"江苏省首届自然教师教学能手"比赛中获一等奖，在全国说课、上课比赛中获一、二等奖。提出"构建趣理课堂"的教学主张，应邀到陕西、安徽等地上公开课并做专题讲座。主持多项国家级子课题、省市级规划立项课题，与曾宝俊合作主编《小学科学教材教法与教学设计（低年级）》一书，在省级以上刊物发表教育教学论文40多篇。

工作室介绍

　　江苏省夏敏网络名师工作室以"为促进学习而教，培养能解决实际问题的未来学子"为学科发展愿景，以"让每一颗星星都闪耀"为团队发展愿景，以科学课堂教学和STEM项目学习为抓手，以教育科研为先导，积极开展"利用线上教育实现小学科学教学结构变革的路径研究"，努力打造"基于儿童立场的趣理课堂"。工作室出台了"学习进阶制度""集体研修制度""评价激励制度"，有效促进了每一位成员的持续生长。工作室成员利用"江苏智慧教育云平台""凤凰传媒公众号"及苏州线上教育中心等载体，开设省市级网络直播课、苏教版先行课、新教育双师课，成功举办各级展示活动，不断扩大覆盖面和提升影响力。在2021—2022学年县市名师工作室考核中获得优秀等第。

技术赋能科学课堂 有趣又有意义

□ 苏州市电化教育馆　彭　飒

继 2020 年首批网络名师工作室成立后,记者获悉 2021 年苏州市又有 12 个工作室入选第二批江苏省中小学网络名师工作室名单,夏敏网络名师工作室就是其中之一。

张家港市云盘小学校长、夏敏网络名师工作室领衔人夏敏说:"我们张家港市科学团队在 2017 年的时候就成立了这样一个民间开放式团队,叫北斗星科学工作室。我们现在的这个网络名师工作室就是以北斗星科学工作室的成员为主,但范围不再局限于张家港市,可以说工作室的辐射面更广了。目前,工作室共有核心教师 13 名,另有教师 45 名,他们是来自苏州市不同区域和学校的小学科学教师。"

工作室以科学课堂教学和 STEM 项目学习为抓手,以教育科研为先导,积极开展"利用线上教育实现小学科学教学结构变革的路径研究",努力打造"基于儿童立场的趣理课堂"。

夏敏说:"其实在科学课程改革的过程中,我们常常会觉得科学课儿童味很浓但缺少科学味,有时候又会觉得科学味很浓但是缺少了儿童味。针对怎样打造一个既有儿童味又有科学味的科学课堂,怎样让孩子觉得科学既有意思又有意义,我们提出了趣理课堂这样一个课题。"

工作室成立之后,推出名师导师制度,制定了每月研修制度、学习进阶制度、积分管理制度等,有针对性地培养教师教学素养和专业素养,通过专家讲座、互动研讨等丰富的形式进行科学教学研究,把先进的教育理念、独特的教学风格、精湛的教学技巧、科学的教学方法融入普通教师的教学中。

张家港市云盘小学科学教师、一级教师、苏州市学科带头人惠花说:"在夏校长的带领下我们经常进行主题性阅读，阅读面非常广泛，第一个明显的变化是通过阅读增强了教师的理论功底，同时也拓宽了我们的视野。第二个明显的变化就是我们对课堂的把握更准确了，工作室要求在每月的定期研讨之后，所有上课教师或者听课教师都要进行教学反思或者听课反思，这促使我们在课堂中对学生的表现进行观察，不断地思考怎样来改进我们的教学，找到最优化的教学方法。"

为更好地发挥网络名师工作室的作用，工作室还积极拓展交流途径，利用CCtalk实时互动教育平台、微信公众号等发布线上活动，开展网络研修，把网络名师工作室打造成一个学习型的小学科学教师团队。

夏敏网络名师工作室成员、张家港市教学能手李碧娇说："加入工作室后，我掌握了一些课堂直播的方法，学习到了网络技术的应用，还有一些制作微课的方法，这些对我后面的教学都有很大的帮助。"

趣理课堂研究是从儿童视角出发，遵循儿童成长的规律和天性，关注儿童的认知状态及潜质，在生动活泼的课堂氛围中，让学生感受到学习的乐趣、情趣、智趣，形成积极的学习行为和参与行为，从而促进学生科学素养的提升。在积极探索的过程中，无论是个人还是集体都取得了良好的成效。五位核心教师在《湖北教育：科学课》上发表了6篇关于趣理课堂的主题研究文章，团队也被张家港市评为"最美团队"。

夏敏总结说："我在想未来趣理课堂如何与技术结合起来，把我们以前仅限于线下的研修，扩展为线上、线下相结合的研修。通过一些举措真正地打造我们基于儿童立场的趣理课堂，也让网络名师工作室真正成为一个研究的平台，辐射的中心，师生的益友。"

信息技术，带我领略"美丽的风景"

□ 张家港市教师发展中心 夏 敏

今天的我，有了很多的殊荣：苏州市名教师，苏州市十大网络教学能手，江苏省基础教育课程改革先进个人，张家港市首届港城教育领军人才……不能说，我的"成功"完全依赖于信息技术，但是，我第一次在苏州市范围内的正式亮相，是和"信息技术"息息相关的。

一、信息技术——对你"一见钟情"

20世纪90年代中期，教改活动轰轰烈烈，多媒体技术的出现给课堂教学带来了巨大的冲击。作为年轻教师的一员，我把关注的目光投向了这一新鲜事物。课堂上，"投影""录像"等多媒体手段的应用，把抽象的科学知识直观化了，把枯燥的教学内容生动化了……1994年，苏州市电化教育馆举行全市范围内的信息化教学优质课评比活动，学校把这个光荣而艰巨的任务交给了我。记得当时，我选择的课题是《鸟》。在师傅的指导、帮助下，我认真制作了"鸟的喙和爪"的投影片，并选用了一些有关"鸟"的生活录像。第一次正式亮相，我就得到了各位评委的一致认可，并获得了苏州市电化教育馆组织的优质课评比活动一等奖。也许正是这一次的成功，激起了我对信息技术的更大兴趣。

从那以后，我多次参加市级以上信息技术与课程整合优质课评比活动、展示课活动，并在苏州市电化教育馆教学软件评比中获奖！

信息技术——伴我"一路远行"

随着计算机的普及，网络时代的到来，我的目光也更长远了。从2000年起，我开始尝试网络环境下的自然课堂教学。《动物的进化》是我第一次尝试上的网络课。当时感觉书本上的内容太简单，通过网络课应该可以给学生呈现更宽、更广的天地，所以，网页的内容，多是书本内容的丰富和延伸。网页的运用，更多的是为教师的教学服务。学生很兴奋，第一次到网络教室学习，对他们来说是一种全新的体验。他们在网络上尽情地查找自己感兴趣的资料；在网络论坛上发表自己的看法，提出自己的问题；跨越地区的限制，和全世界的朋友一起交流、探讨……整整40分钟，他们是那么地投入！

这一次网络课的尝试，给了我很多的触动和思考：面向21世纪的小学科学教育具有开放性和活动性，作为一个教育者，我们该如何利用网络来组织学生进行交互式、个别化、自主性学习？如何利用网络来进行开放式的教育活动？

2002年9月，对我来说，是一个新的转折点，我被调到了张家港市万红小学。学校领导具有远见卓识，把学校的办学特色定位为"信息技术与学科整合"。这对我来说，无疑是有了更广阔的"驰骋"空间。

从2002年到2004年9月这段时间，我不断地尝试利用网络资源展开探究性学习的实践探索，并寻找各种机会和其他教师进行交流：从本校到张家港市兄弟学校，从张家港市兄弟学校到苏州市兄弟学校……一路洒下了辛勤的汗水！在2年多的时间内，我还2次参加了苏州市"信息技术与课程整合优秀课评选"活动，并在第二届比赛中获得了一等奖。2004年5月，我代表苏州市参加了"第八届全国小学信息技术与课程整合教学观摩展示会"活动，并获得了二等奖……

在一次次的学习探讨中，在一次次的交流切磋中，我对"网络"有了新的理解，对"整合"也有了新的思考：网络课件，不应该仅仅是教师开展教育活动的"教件"，而应该成为学生自主探究的"学件"；整合的目标，不仅在于实现教学的最优化，更在于培养学生的信息素养、综合能力……

可以说，在进入万红小学不到3年的时间里，信息技术不仅给我的教学插上了奋飞的翅膀，还提升了我的综合素质。2003年9月，我被评为苏州市中小学学科带头人，2004年12月，我获得苏州市十大网络教学能手荣誉称号。

二、信息技术——呼唤"研究型教师"

奋进的道路上没有终点。

2005年，参加"信息化研究型教师"培训，这对我来说是一个新的起点。培训给了我新的理念："教育信息化正走向一个新境界——从关注技术走向关注课改，关注绩效，关注教师专业发展，逐渐实现自我核心价值。"一个个新的名词出现在我的面前："行动研究""教育叙事""概念图"……于是，从2006年起，我积极塑造自己，尝试为自己的发展建设一个"美丽的花园"——博客。我给自己的博客取名为"海阔天空"，因为我一直觉得"海阔凭鱼跃""天外还有天"，更是希望自己不断实现新的跨越，真正成为一个"教育博客"。

2011年，我的博客空间荣获中国科学技术协会组织的第二届全国科学博客大赛教育求学组优秀博客大奖。这对我来说是一个莫大的鼓励，同时我也进一步认识到：变革时代的研究型教师，首先应该是一个擅长技术的教师。从2013年起，我又在浙江小学科学教学论坛上建立了个人专帖，坚持每天记录我的教学反思，交流我的情感体验，从事我的教学科研，进行我的资源管理，释放我的思想火花……无论是博客还是论坛，都让我与同行之间开启了一场场"网络头脑风暴"，在学习、反思、分享中获得不断的提升。

随着CCtalk等平台的推出，网络研修成为一种新的学习方式。于是，每月参加网络研讨成为我的必修课。"动手，更需要动脑""科学课如何培养学生的思维""科学课堂的本质是什么"……一次次的网上沙龙，一次次的不同风景。再走进课堂时，我感觉多了几分沉稳、从容和睿智。

"近日，在吴中区木渎蓝天中心学校开展的一节科学直播课，让学生大呼有趣……主讲人是苏州市名教师夏敏老师，她带来的课程是建筑工程：各种各样的桥……"这是2019年5月苏州教育电视台的一次专题报道。2017—2018年，本人被聘为苏州市民办教育发展项目科学课程。科学社团项目专家顾问、特级名师。2年的时间，我利用网络给苏州大市内的30多所新市民子女学校的学生授课，让缺乏科学学习条件的新市民子女爱上科学，个人也因此被评为了优秀指导老师。

2019年6月，我又被苏州市教科院聘为线上名师，多次给全市的学生开设网络直播课，受到学生的欢迎与好评。

三、信息技术——"朝向未来"的探索

教育，既要成就教师，更要发展学生。

为促进学习而教，培养能解决实际问题的未来学子——这是我和张家港北斗星科学团队的科学教育梦。我们努力用实际行动播撒科学的种子。

2020年6月14日晚，一场直播首秀点亮了黑夜。"北斗星"运用CCtalk平台，成功开启了《嗨～亲爱的垃圾》的直播。"实小"学子通过"主题班会""儿歌童谣创作"等多种方式开启了与"垃圾"的另类对话；"云小"学生则分别通过"采访视频""数据统计图"等形式科普了垃圾分类的目的及意义。自制堆肥箱的展示、"变废为宝"小妙招的分享……生

动展示了学生研究的全过程。"北斗星"已在学生的心中播下科学的种子，他们兴趣勃发、思维活跃，对世界有强烈的探究欲。

其实早在2017年，"北斗星"便推出了"云端学习"，依托微信公众号推出了"星"系列栏目，开启了师生从课内走向课外、从书本走向实践、从静态走向动态的新型学习之旅。2020年，面对突如其来的新型冠状病毒肺炎疫情，"北斗星"团队第一时间统筹规划，推送"科学资源包"，推出学生的"新型冠状病毒"专题作品540件、"我是实验探索者"项目成果136个。

点开"北斗星"微信公众号，徜徉其间趣味无穷。"星活动"玩转趣理课堂，展示名师风采，"星故事"开启小朋友的智慧之门……"星课程"系列获得了市教育局领导的一致肯定，并被"学习强国"报道。种植魔豆体会生命成长的乐趣，"亲子观月"探索宇宙无穷的奥秘……团队不断推出活动项目，每一次都是趣理兼备的科学探索之旅。

2021年，又是一个全新的起点。成为第二批江苏省网络名师工作室的领衔人之一，让我看到了未来更多的可能。

以科学课堂教学和STEM项目学习为抓手，以教育科研为先导，积极开展"利用线上教育实现教学结构变革的路径研究"，努力打造"基于儿童立场的趣理课堂"，成了我新的奋斗目标。

一年来，我们利用江苏省智慧教育云平台、CCtalk实时互动教育平台、北斗星科学工作室微信公众号等途径，积极开展线上线下相结合的研究活动，有效推动信息技术与科学学习的融合发展。

为发展而教，为未来而学。技术是手段，创新是理念，变革为行动。我们，还有很多探索的空间，也将迎来无限的可能！

运用信息技术提高小学科学课堂教学的实效探究

□ 张家港市实验小学西校区　韩神娇

【摘　要】信息技术的有效应用,可以为小学科学课堂教学实效的提升提供支持。因此,文章从信息技术在提高小学科学课堂教学实效方面的表现着手,提出了几点信息技术在小学科学课堂教学中的应用措施,并对其应用要点进行了解析,希望为小学科学课堂教学中信息技术的有效应用提供一些参考。

【关键词】信息技术；小学；科学课堂

信息化教学是当前乃至未来一段时间内基础教育阶段教育教学的主流发展趋势,也是现代高素质学子培养的主要途径之一。相较于传统讲解式教学而言,以信息技术为支撑的信息化教学模式可以吸引学生主动寻找知识源并积极动手实践,同步培养小学生的科学思维与科学探究能力。因此,探究信息技术在小学科学课堂教学中的应用具有非常重要的意义。

一、信息技术在提高小学科学课堂教学实效方面的表现

1. 激发学生兴趣

义务教育阶段的科学课堂教学艺术并非在于传授本领,而在于激发、唤醒学生的学习兴趣。在小学科学课堂中合理利用现代化的信息技术,可以采用"动画＋音频＋视频"的形式,向学生完整展现科学实验过程,在静态与动态完美融合的情境中激发学生的科学探究兴趣,为学生全身心投入科学探究提供依据。

2. 规范学生操作

实验教学是小学科学课堂教学的重要组成部分,但因小学生科学基础较为薄弱,无法独立操作实验，极易出现实验操作失误。而实验操作失误不仅会影响科学实验成功率，而且可能会引发一些危险情况，激起学生的恐惧心理，阻碍科学实验目标的顺利达成。而利用信息技术代替实验操作，可以更加细致地指导学生，提高学生操作规范性，降低实验风险。

3. 降低学生理解难度

在当前教科版教育科学出版社出版小学科学课程中，存在一些学生理解难度较大的科学知识，通过教师短时期的讲解也无法从根本上提升学生认知水平。此时，利用"图片＋音频＋视频"的课件，可以为学生直观展示科学知识的发现、产生和形成过程，促使学生动态感知科学知识，在感知中理解，降低学生对科学知识的理解难度。

二、信息技术在小学科学课堂教学中的应用及要点

1. 精缩教学内容

精缩教学内容是最大化利用科学课堂教学资源、提高科学课堂教学效率的前提。在保证科学课堂教学主旨不变的情况下，教师可以利用以重点突出、短小精悍著称的微课视频，裁剪科学课程中非必要的等待时间，为学生呈现最精彩的模块，并围绕重点、疑点、难点开展科学教学。比如，在新教科版小学《科学》"水结冰了"教学过程中，因这一实验在实际课堂中耗费时间较长、准备工作繁杂、知识点简单，多数教师会选择"以讲解代替实践"的方式，忽略了科学探究的本质——促使学生体验真实的科学。针对上述情况，教师可以事先将"水结冰了"实验过程录制为视频，利用剪辑材料对视频进行精简，同时添加必要的说明类内容，形成一个实验微课。在实验微课中，教师还可以根据教学重点，灵活截取需要学生关注的画面角度，标注需要学生观察的重点部位，展示更加清晰的实验效果，为学生明确实验过程和掌握实验现象打好基础。必要情况下，教师可以在录制时，以特写或剪辑功能，突出"水结冰"过程中不够显著、过于细微的现象，促使学生对水结冰的现象一目了然，进而激发学生的科学实践意识，为学生科学实验素养的提升奠定基础。

在具体教学过程中，教师可以"放入冰箱里的水过一夜后的变化"或"北方河流结冰时的场景"导入，通过微课展示"水结冰"的操作过程及结果，要求学生观察微视频中冰的颜色、形状，寻找水和冰的共同点、不同点。在导入课题之后，教师可以"水结冰时的温度"为探究题目，在微视频中展示"保温杯外包毛巾""保温杯内装入碎冰""试管插入碎冰""试管内放入温度计""碎冰内加入食盐"等步骤，并利用近镜头聚焦碎冰内加入食盐几分钟后温度计的读数，同时展示水结冰时温度计的读数作为对比，促使学生对水结冰

时的温度有更加深刻的认识。

2. 营造趣味情境

增加科学课堂教学趣味性是大幅度提升小学科学课堂教学效率的关键,在保证阶段教学精髓的情况下,教师可以利用希沃白板软件自带的放大镜、拟人化、蒙层等功能,将课文平面知识转化为立体动态图片,营造趣味情境,促使学生在直接观察过程中形成浓郁的科学探究兴趣,为其系统化学习科学知识奠定基础。

例如,在新教科版小学《科学》"光是怎样传播的"教学过程中,教师可以在利用白板笔拖开白板遮挡的同时导入课堂:清晨,当阳光照亮房间,你们想过光是怎样照射到房间的吗?晚上,路灯照亮了街道,你们知道光是怎么传播的吗?在导入问题提出之后,教师应避免直接让学生回答问题,而是要学生"画一画",即为学生提供两张白纸,要求学生分别画出"清晨阳光照亮房间""夜晚路灯照亮街道"两个场景中光的传播路线。在观察学生全部绘制完毕后,教师可以随机抽取学生走上讲台,展示自己的图画并解释。在学生展示完毕之后,教师可以切换到白板操作页面,利用白板笔汇总学生的观点,如"光是从四面八方沿直线照射的""光是散射沿斜线照射的"等。在汇总之后,鼓励学生分享支持自己观点的场景,如舞台激光灯、阳光透过云层等。此时,教师可以利用白板笔拖到下一页,展示舞台灯光或阳光透过云层时的缓慢动态过程。在这个基础上,教师可以在白板上依次展示4张卡纸(3张有小孔,1张没有小孔)及1个手电筒。将4张卡纸在白板中依据相互间隔15 cm的方式排列,利用白板笔拖动手电筒蒙层,手电筒放出光线,且光线可以穿过3张有小孔的卡纸,在1张没有小孔的卡纸上留下光点。在白板中展示实验过程,可以解决线下实验材料不足的问题,为每一个学生参与实验操作提供充足机会。同时通过真实场景的营造,可以加深学生对科学现象的认识,为后续学习奠定基础。

3. 加强师生交互

在明确阶段教学目标的情况下,教师可以将现阶段盛行的电子白板与谷歌地球结合,充分利用电子白板集软件技术与尖端电子技术为一体的优势,将电子白板连接到PC(个人计算机)端,连接成功后将PC上的内容经投影机投射到电子白板显示端,构造一个交互式、大屏幕科学课堂教学场景。在场景中利用专门适用于电子白板的定位笔代替鼠标在白板上进行文件标记、保存、注释及应用程序启动和操作。同时利用集GIS(地理信息系统)、RS(遥感)于一体的谷歌地球,将更多的资源、素材汇集到虚拟地球中进行可视化展现,为师生互动提供充足的资源支持。

以新教科版小学科学教材中的"地球的结构"教学为例,借鉴建构主义学习理论,教师应将学生看作信息加工主体及知识意义建构者,在"信息提供""情境创设"的基础上,以"协商会话"为重点,将基于电子白板的谷歌地球引入课堂,丰富地球结构中基本要素的展现形式,为学生自我建构地球结构提供充足支持。在具体课程教学过程中,教师可以播放"地球的结构"视频,要求学生在观看视频后思考地球的结构,在学生遇到困难时,教师可以重复多次播放,从不同角度展示地球结构,为学生观察思考提供充足支持。在展示完毕之后,教师可以利用电子白板"插入"功能,要求学生分组展开"如果地球没有地壳会怎样?""如果地幔厚度减小会怎样?"的大讨论,并在白板上展示各小组的讨论结果,促使学生在逆向思维中记住地球各层的作用,加深对地球结构的认识。

综上所述,在小学科学课堂中恰当运用信息技术,不仅可以激发学生对科学的兴趣,而且可以规范学生操作,降低学生对科学知识的理解难度,助力小学科学课堂教学实效的提升。因此,教师应根据阶段科学课堂教学内容,合理利用电子白板或希沃白板软件,将平面的静态图文转变为立体的动态影音,为学生营造一个活跃、真实且安全、高效的科学探究平台,奠定小学科学课堂教学实效提升的基础。

参考文献

[1] 付蓉. 信息化技术在小学科学教学中的教育价值探寻:以虚拟实验室为例[J]. 新智慧, 2021(20):23-24.

[2] 扈文华. 浅析现代信息化环境下的小学科学课实验教学[J]. 智力, 2021(8):145-146.

[3] 潘笑. 用希沃白板打造有趣的低年级科学课堂[J]. 小学科学(教师版), 2020(3):10-11.

[4] 张敏. 利用电子白板提升小学科学课堂教学质量:以"通电的线圈"一课为例[J]. 吉林教育, 2021(23):109-110.

网络名师工作室 刘鸣家

领衔人简介

刘鸣家,男,1975年生,高级教师,毕业于复旦大学材料科学系材料科学专业,毕业后即投身教育事业,曾担任常熟市信息技术学科教研员16年,现就职于常熟市教师发展中心。江苏省空中课堂初中信息技术专家库成员,江苏省"一师一优课"评审专家,苏州市第三、第四、第五届信息技术乡村骨干教师培育站导师,苏州市信息技术学科带头人,苏州市姑苏青年拔尖人才,江苏省刘鸣家网络名师工作室领衔人。一直致力于信息技术课程教学研究,在苏州各县市范围内举行数十次讲座,对信息技术课堂教学有深入的理解。主编、参编多本信息技术教材,多篇论文在《中国信息技术教育》《中小学信息技术教育》等刊物上发表。

工作室介绍

　　江苏省刘鸣家网络名师工作室为江苏省第二批网络名师工作室之一。工作室立足于信息科技(信息技术)学科,在苏州市及各县市学科教研员的支持和指导下,以课题研究为抓手,以学科活动为载体,努力促进学科教师成长;同时工作室也致力于技术课堂的本质、技术思维的本质、技术教学与学科教学融通的研究,以更好地促进学生信息素养、数字素养的提升。

刘鸣家与他的信息技术：是教师而非工程师 信息素养的培育当立"C位"

□ 苏州市电化教育馆　卜雪梅

信息技术教师是活跃在校园中的"技术百搭"，他们往往会忙碌于各种技术维修中，却常常忽视课堂教学。现在担任着常熟市教师发展中心研训员一职的刘鸣家1997年从复旦大学毕业，24年的时间里，他从一名一线的中学信息技术学科教师到一名信息技术学科教研员，再到现在成为常熟市教师发展中心的研训员，对于如何更好地完成一名信息技术学科教师的使命，他从未间断过思考。

网络名师工作室领衔人刘鸣家说："我跟我们的信息技术教师说，等到学生学会用你教的这些技术的时候，这些技术其实已经过时了，所以我们的教学需要转变为让学生学会一种思考方式。我把它称为技术也是一种表达，就像语文用文字表达一样。比如我们教学生学动画，那么日后学生看到路边广告就会设想如果我用动画去设计会怎么样，这样就形成了用技术的眼光去观察世界的思维。"

刘鸣家老师提出了"技术思维""信息意识"的学科教学主张。此后十几年时间里，在中小学信息技术教育方面，刘鸣家的主张逐步成为一个团队的共识，并且这个团队从常熟逐渐扩展到更多的地区。伴随着刘鸣家网络名师工作室的成立，这种教学主张在越来越广的范围里得到传播。

在常熟中小学信息技术教师圈里，大家都很尊敬刘鸣家，他领衔成立了常熟市青年中心组教师读书会，借助信息技术平台开展共读活动。经过一个暑假的阅读，读书会的教师人均阅读量达百万字。在2021年江苏省信息技术评优课中，斩获一等奖的青年教师施天韵对于刘鸣家发起的读书活动深有感触，她认为读书让学校一线的信息技术教师找回为人师者的航标，实现了从教技术到开化思维、提高能力素养的转变。

青年信息技术教师施天韵说："在刘鸣家老师的带领下，我读了很多书，在自己的专业成长方面获得了很多启示。之前我对这门学科的教学无论是理念还是实践的理解都是很浅的，就是一个'工具人'的形象，加入这个工作室后，我开始琢磨，作为一门学科，其地位、作用跟语、数、外是一样的，不是带着学生玩（计算机），或单单教会学生学会操作一个软件，而是要去提高他们的素养，如计算思维、信息意识、数字化学习和创新能力，以及信息社会的责任担当等。这些就是刘老师带领我们一直在进行的实践和探索。"

信息技术学科教师在校园里通常被称为"最潮"的人，刘鸣家曾说，最近这些年教材变化比较大，技术的更迭非常迅猛，这就要求信息技术教师成为校园里接受新挑战、学习新知识最频繁的一群人，迎接挑战、快速学习也就成了信息技术教师的"基本功"。

目前刘鸣家网络名师工作室有60多位成员，覆盖了苏州周边的地区，甚至渗透到贵州等地，大家在一个更高更广阔的平台上，交流分享，探索实践，将中小学信息技术教育推到一个新的发展阶段。

面向智力障碍学生的STEM课程课堂教学设计探索实践

□ 常熟市特殊教育学校　周正豪

【摘　要】本研究尝试结合STEM课程开发面向智力障碍（以下简称"智障"）学生的精细动作技能训练课程，旨在通过课程的开发和实践，解决现有教具训练不足、训练形式枯燥、训练方式单一等问题，通过课程学习，训练并增强智障学生的精细动作能力，为特殊教育学校开展信息技术课程与精细动作技能训练拓宽思路、提供参考。

【关键词】智障学生；STEM课程；教学设计

一、研究背景

为了应对新形势下的特殊教育，全国各地的特殊教育学校、培智学校都逐渐思变谋转型，将康复课、个训课等作为学校课程体系的重要环节。《培智学校义务教育课程标准（2016版）》（以下简称《课程标准》）中指出培智学校、特殊学校培智部的课程要紧紧围绕帮助特殊儿童的生活经验、日常生活等生活化需求来开设实施，解决实际问题。以精细动作为基础的运动能力是智障学生生活、学习所必备的技能，而针对精细运动能力的训练是一个系统而全面的康复过程。随着《课程标准》的实施，各地特殊教育学校越来越重视康复训练类课程的开设。有些特殊学校投入资金，成立了精细动作训练室，配备了上肢协调功能训练装置、螺丝螺母等仪器设备。但学生长期在功能室利用有限的器材反复训练，容易感到枯燥乏味，甚至最终失去学习兴趣，训练效果难以保证。研究者在教学实践中针对智障学生的精细动作能力开展了实践研究，希望在保证日常教学目标的同时，能经常对特殊学生开展精细动作能力方面的训练,摸索开发出一门能融合其他学科,兼具科学性、知识性、趣味性,具有康复训练功能,并促使特殊学生"多动手、勤用脑",从而提高精细动作能力和生活实践能力的课程。

泰勒于20世纪50年代撰写的《课程与教学的基本原理》被教育界誉为现代课程研究的范式。泰勒认为课程设计应关注以下四个方面:确定目标、选择经验、组织经验及评价结果。20世纪中后期课程研究领域相应出现了新的课程理论和课程设计模式。根据施良方的课程研究模式,学生中心课程论应作为面向智障学生精细运动能力发展的STEM课程开发的指导思想。根据学生中心课程论,课程的设计应以学生的思维方式、兴趣和需要等作为依据。这类课程的目标是满足学生个人发展和自我实现的需要,推动学生的成长和发展,课程的内容也应伴随着教学过程中学生的学情、需求的变化而不断调整完善。

二、课堂教学设计原则

(一)教学设计倡导学生主体地位

在本课程教学中教师应尊重特殊学生的自主性,首先,充分调动其学习积极性,让学生亲自体验STEM主题课程设计的环节。教师要考虑智障学生的生活经验,让学生将自己感兴趣的课程主题和教学内容加入教学设计中。其次,根据生活实际设计课程内容。教师变主导者为引导者,在课堂中充分鼓励智障学生勇于尝试,通过自主探究、小组讨论与合作的方式使智障学生达成教学目标,合理激发学生潜能。

(二)教学设计尊重学生个体差异

由于特殊学生智力、残障程度等差异较大,在教学过程中极易出现学习分化现象,因此在精细动作操作训练和学生动手实践的教学设计中,教师应根据学生学习能力,通过个别化强化辅助、小组帮扶、教学难点微视频课件等多种形式帮助学生达成教学目标,并注重在课堂上及时反馈学情,积极关注学有困难的学生,个别指导时杜绝直接替代学生进行操作实践的教学现象。对于学有余力的学生,可设计环节邀请其担任助教,帮助并激励其他学生完成学习任务。

三、课堂教学设计内容和步骤

面向智障学生的STEM课程课堂教学设计的内容根据教学实施的流程包含几个方面,其中最重要的是学生学习策略和教师教授策略这两部分教学环节(图1)。

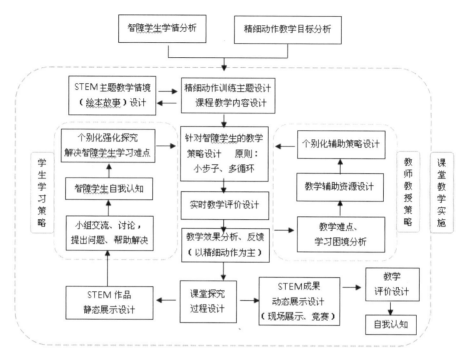

图1 面向智障学生的STEM课程课堂教学设计思路

(一)分析智障学生学情,设计教学目标

新课程明确指出教学目标、内容的设计要烘托学生的主体地位,培智学校课程标准也重点提出课程的设计要以学生需求为主。因此本课程在了解学生原有知识和技能水平的基础上,采用建构主义学习理论,充分考虑智障学生的需求之一——精细运动能力发展,根据智障学生特点制定教学目标,设计符合学生特点的个性化教学方案,设计具有针对性和实用性的课程。

(二)确定教学主题和内容,整合教学资源

本环节通过对教学目标的把握,注重教授智障学生欠缺的生活化知识与技能,结合STEM课程的元素,确立实用性的教学单元、课时的主题,针对每一个教学主题都选取专门的绘本故事来激发学生学习兴趣,通过设计教学资源包为学生提供开展学习的机会。

(三)合理选择教学策略,强化生活化知识的学习

教学策略是对教学设计宏观抽象的描述,它能指导师生、生生在课堂上交流互动的

方式。本课程在教学策略的设计过程中，特别注重智障学生接受能力相对较差、反应欠佳等特点，采用"循序渐进""小步子、多循环""情境体验""探究式学习"等多种教学策略设计教学内容。通过情境教学策略来激发学生学习积极性，通过结合学生喜欢的绘本故事来渗透教学主题，将每个教学内容都用趣味故事的方式来呈现，能够促进生活经验相对匮乏的智障学生联系日常生活中掌握的经验，激励学生通过故事角色的代入来进行思考，使 STEM 主题更加具象和贴近生活实际，帮助他们理解记忆，完成知识和技能迁移。教师采用设问等方式教授生活数学、生活语文、美工等相关学科知识，学生采用探究式策略在亲历体验中主动学习，这有利于继续巩固学生学习的主体地位。STEM 课堂中学生动手动脑开展学习实践，通过小组讨论、个别化强化实践等方式或多人合作、小组合作完成教师布置的学习任务。在课堂上打破原先机械式的精细动作训练方式，智障学生不再根据单一、枯燥的精细动作训练内容进行康复训练，而是根据生动有趣的教学主题，完成一个个模块的搭建。主题多样、造型多样的模块，充分吸引了智障学生的注意力，弱化了他们的无意注意，从而使他们能更加专注地投入学习，大量的六面拼插也能高强度地训练学生手指、手腕等部位的精细动作能力。

（四）设计课前、课中和课后多维度、多元化的教学评价方式

为了更加科学有效地验证课程对学生精细动作能力发展的作用，教师在课前对学生进行了精细动作能力测试，获得原始数据。授课时，教师应根据学生表现和课堂动态效果，进行课中评价环节的设计，对智障学生 STEM 课程的学习过程进行实时考量。课后，根据学生作品和表现对学习阶段结果进行考查，以检验学生对知识和技能的掌握程度。

（五）STEM 作品成果交流展示设计

这里的交流展示分为静态展示和动态展示，静态展示主要是指 STEM 作品模块搭建完成后，通过与同伴、小组组员交流 STEM 主题的心得，帮助学有困难的同学进一步攻破教学难点。而动态展示更多的是在全体学生完成搭建和改造后，开展教学比赛或教学游戏，丰富学生学习体验，展示教学成果并在互动中增强学生自信。

四、结语

在不断摸索和实践中，研究团队逐渐建立了一套适用于智障学生的 STEM 课程教学模式，通过"集体课+个训课"模式开展教学，其中，集体课更多通过小组合作的形式开展，个训课则侧重采用个别化教学形式进行授课。

研究充分考虑智障学生身心特点，依据智障学生精细动作发展滞后的实际情况，打

造了"情境探究—教学示范—自主探究—静态展示—自我认知—强化探究—动态展示—效果评估"的课程设计模式。这种课程设计模式使特殊学生的精细动作能力"循序渐进、螺旋上升"地得到发展，效果较明显。

参考文献

[1] 雷江华，方俊明. 特殊教育学 [M]. 北京：北京大学出版社. 2011.
[2] 黎加厚. 新教育目标分类学概论 [M]. 上海：上海教育出版社. 2010.
[3] 孙大君，殷建连. 手脑结合的理论与实践 [M]. 长春：吉林大学出版社. 2012.
[4] 黄光雄，蔡清田. 核心素养：课程发展与设计新论 [M]. 上海：华东师范大学出版社. 2017.
[5] 钟启泉. 课程论 [M]. 北京：教育科学出版社. 2007.
[6] 施良方. 课程理论：课程的基础、原理与问题 [M]. 北京：教育科学出版社. 1996.
[7] 徐国祥. 统计预测和决策 [M]. 4版. 上海：上海财经大学出版社. 2012.
[8] 黄建行，雷江华. 特殊教育学校校本课程开发 [M]. 北京：北京大学出版社. 2012.
[9] 罗苏群. 智力落后儿童精细动作训练 [J]. 中国康复理论与实践，2009, 15(3): 291-292.
[10] 中华人民共和国中央人民政府. 国家中长期教育改革和发展规划纲要 (2010-2020年) [EB/OL]. (2010-07-29)[2016-01-03]. http://www.gov.cn/jrzg/2010-07/29/content_1667143.htm.
[11] 杜晓新，王和平，黄昭鸣. 试论我国培智学校课程框架的构建 [J]. 中国特殊教育. 2007(5): 13-18.

"STEM+"视野下的小学人工智能教学活动实践研究

□ 常熟伦华外国语学校　沈怡桑

【摘　要】随着智能化时代的到来,人工智能课程已经进入小学课堂,如何更好地开展人工智能课程教学实践是一线教师值得探究的问题。笔者将从"STEM+"教育理念角度出发,结合具体实施案例探讨小学阶段人工智能课程的实施方法,以学生发展为中心,回归育人本原,为小学阶段普及人工智能课程提供一些参考建议。

【关键词】"STEM+";人工智能;项目式教学

随着人工智能相关政策的颁布,各级教育部门尤其重视人工智能教育的开展,其中机器人课程作为中小学人工智能教育的核心,包含了语音识别、图像识别等多种传感器的运用,充分体现了智能化的时代特征。但各校或培训机构在具体实施过程中存在着不少问题,如师资短缺、忽略思维培养、教学策略不明确、课程设置不完整等,导致人工智能教学未体现出真正的优势及价值。

人工智能本身就是一个跨学科的综合领域,而STEM的本质正是通过学科整合的方式解决实际问题,两者无论在教学目标还是内容上均有着较高的契合度。因此,本文将融合STEM的设计理念,基于项目化教学方式,以培养学生的学习自主性,提升学生的学习力、创造力、解决问题的能力等综合素质为目标,探讨小学阶段开展人工智能教育的实施方法。

一、核心概念

（一）"STEM+"课程

STEM 由科学、技术、工程、数学的英文首字母组成，STEM 的课堂并不是四门学科的简单叠加，而是通过教师的巧妙处理将原本分散的学科有机整合成一个整体。目前，有学者提出 STEAM，甚至是 STREAM，可见，STEM 并不是单纯加一个或几个学科，而是将众多学科整合，"STEM+"课程回归了 STEM 教育初衷，消除学科间的壁垒，成为学科间的纽带，引导学生从整体角度看待问题，改变学生原来的学习方式，要求学生将相对零散的知识整合来解决实际问题，以此培养学生的高级思维技能，即分析、应用和综合能力。"STEM+"课程活动不仅能让学生在针对真实情境问题进行创造、设计、建构、发现、合作的基础上获得结构性知识，还蕴含发展过程性知识，培养学生研究、创造、求真等素养。

（二）人工智能

人工智能，英文缩写 AI，属于计算机科学的一个分支，它是研究、开发用于模拟、延伸和扩展人的智能的理论、方法、技术及应用系统的一门新的技术科学。其研究范围大致包括机器人、图像识别、自然语言处理、语言识别等。人工智能时代的到来改变着人们的生活、学习等方式，也改变着人们解决问题的思维方式，在科技快速发展的背景下，教育培养的是面向未来的、具有创新思维的复合型人才。为此，中小学阶段就已经设置了人工智能课程，目的就是从小学开始培养复合型人才。各校在国家相关政策指引下，都在不断完善人工智能课程，保证课程的实施能满足当前智能时代、数字化时代发展对人才的需求。

（三）项目化教学

"STEM+"课程在实施的过程中比较常见的是项目化教学方式，将理论与真实场景紧密结合，构建能激发学生兴趣的"学习项目"，实践跨学科的教育理念。项目化的教学会更具有多样性与针对性，学生积极性、参与度更高，有助于培养学生的自主探究、解决问题等综合能力。项目化教学依托于"真实问题"，结合理论、实践，实现多学科融合。学生在好奇心的驱动下，以小组合作的形式借助多学科知识，经过问题的明确和方案的讨论、实施、测试、改进、评价等一系列环节完成项目，在整个过程中，项目化教学拓展了学生的知识视野，帮助学生构建属于自己的知识体系，有助于学生的可持续发展，最终实现创新型未来人才培养的目标。

二、"STEM+"理念下小学人工智能教学实施方法

本文结合具体人工智能教学案例，依托项目式教学，谈谈在"STEM+"教育理念

下小学人工智能教学实施的策略与方法。该项目的教学实施引入奶酪法则，"奶酪"英文为CHEESE，由好奇（Curiosity）、猜测（Hypothesis）、探究（Exploration）、解释（Explanation）、延伸（Spread）和评价（Evaluation）6个英语单词的首字母组合而成。通过奶酪法则，可以实现学生在人工智能教学中解决问题能力、创造力、学习力等综合素质全面提高的培养目标。

（一）确定真实问题

随着社会经济的发展，汽车进入了千家万户，甚至有家庭已经使用了智能车。学生对智能车功能有简单了解后仍充满了好奇。因此，笔者以"吉先生的智能车"项目为例展开小学高年段人工智能教学活动。

"STEM+"课程项目主题强调来源于真实情境，目的在于建立学生知识与真实世界的联系，帮助学生进行有意义、有目的的学习活动。真实情境的问题依赖于具体情境而存在，否则就失去了意义。确定一个真实情境的问题对教师开发课程提出了较高的要求，需要教师有丰富的知识储备、开阔的视野，能够认识到不同问题背后的知识体系，能清楚什么样的问题能引起学生的兴趣。

（二）明确教学目标

"吉先生的智能车"项目分别从科学、技术、工程、数学等学科角度设定了以下教学目标，旨在培养全面发展、面向未来的高素质人才。

科学：通过观看蝙蝠夜间飞行的视频，了解超声波定位原理及超声波传感器测距的工作原理。

技术：能用编程的方式实现汽车的智能化。

工程：能结合要解决的问题搭建合理的小车结构。

数学：学会计算距离。

其他：锻炼学生自主探究、合作学习、语言表达等综合能力，培养学生学以致用、举一反三的能力，提升学生设计思维及利用多学科知识综合解决实际问题的能力。

明确的教学目标是教师对项目化教学的最终预期，如果教学目标比较模糊，则会影响教学方案的具体实施，学生在学习活动中可能会遇到任务不明确等各种问题，从而难以完成最终项目。

（三）教学实践过程

环节一：好奇——激发兴趣

教师提前制作了一个类似社会新闻事件访谈的视频，以还原"真实"的新闻事件。视频中的采访的对象是吉先生，通过吉先生的描述，我们了解到的大致情况是：在一个月黑风高的夜晚，吉先生驾车前往渔场，然而在倒车时不幸撞到了隔壁的家禽！因此，吉先生的请求是改造他的车，避免类似的情况发生。通过这种形式让学生提前了解问题，引起学生的好奇心，激发学生解决问题的兴趣。

爱因斯坦说过，我没有什么特殊才能，只是保持持续不断的好奇心。可见，好奇心是促使人类社会发展的秘密武器。在"STEM+"课堂中，激发学生的好奇心讲究一定的科学性、时代性、新颖性，教师应当不断探索，潜心研究。

环节二：猜测——设计方案

学生先分小组讨论，为吉先生出谋划策。然后各小组分别交流各自的解决方案。教师对学生进行引导，最合理、科学有效的方案就是安装倒车雷达。这就涉及机器人套件中的超声波传感器。随后教师通过视频让学生了解超声波及其在生活中的应用，并向学生介绍测距方法，由此为后面的探究环节指引方向。

猜测是一种重要的思维方式，能为问题的解决提供动力，为探究事物注入新的活力。"STEM+"课程要求多学科知识融会贯通，也就需要学生从多学科角度进行科学的猜测、假设。学生要有所创造，敢于走别人没有走过的路，就要从大胆猜测开始。

环节三：探究——验证实践

小组继续合作完成小车的搭建，并结合RGB彩灯和蜂鸣器电子元件完成倒车雷达装置。其中，在编程环节，学生由于已有Scratch的编程基础，因此在面对中鸣机器人的编程软件时并不会感到很生疏。

探究环节是猜测环节的延伸与验证，"STEM+"课程讲究理论与实践相结合，教师在"STEM+"课程活动的实施环节，既要引导学生主动构建自己的理论体系，也要鼓励学生动手实践，同时提倡从个体活动转为群体活动，让学生在"STEM+"的学习活动中学会倾听他人的不同观点，敢于提出疑问、挑战。

环节四：解释——表述交流

在学生完成了吉先生的小车改造1.0版本后，教师通过提出一系列问题引导学生描述自己在刚刚解决问题的活动中的行为，如我们刚刚解决了什么问题？主要用到了什么电子元件？该传感器的作用是什么？在编程的时候需要注意什么？搭建的时候有什么注意事项？你们是如何合作完成的？随后，教师帮助学生总结回顾在解决问题时的四个步骤：明确问题、制订方案、搭建结构、测试编程。

在"STEM+"课程活动中，学生需要足够的交流与表述，在对话与倾听中不断地明晰自己的想法，从而完善自己的知识体系，强化推理能力。

环节五：延伸——发散拓展

教师表示，吉先生对自己的车还有几个不满意的地方：①吉先生的记性不是很好，下班路上，天渐渐变黑，但他老是忘记打开行车灯，有一定的安全隐患。②吉先生的车喇叭坏了。③吉先生车内的照明灯不太好用，如果有一个智能的车内照明灯就更好了！各小组可选择一个或多个问题展开讨论，帮助吉先生把小车改造成2.0版本。同时，教师针对学生选择的不同问题，应给出相应的学习单。

该环节中学生对已有的知识经验进行迁移，并能在解决新问题的过程中巩固新的概念。在学生刚开始掌握新知识技能时，教师可以巧妙地设计新的任务，并给予学生充足的时间、空间，让他们对新概念的理解不断加深。

环节六：评价——激励评估

学生通过完成以下问题实现评价。

① 你为吉先生解决了什么问题？
② 在解决问题的过程中你用到了什么电子元件？同时请简单介绍该元件。
③ 在完成智能小车改造的过程中，你在小组合作中做了哪些工作？
④ 你所在小组遇到了什么困难？如果解决了，是怎么解决的？
⑤ 请填写在本项目中你认为自己所习得的STEM相关知识。

网络名师工作室 李兴

领衔人简介

李兴,江苏省苏州第一中学校中小学高级教师,中国科学技术大学计算机科学与技术硕士,普通高中物理教科书(沪科版)编写组核心成员、江苏省第二批中小学网络名师工作室领衔人,苏州大学物理科学与技术学院兼职导师,苏州市教育科学研究院兼职物理教研员,江苏省教育学会物理教学专业委员会理事,苏州市教育科学研究院高中教育研究所命题研究中心组成员。

曾获苏州市"十三五"教科研先进个人、苏州市学科带头人、苏州市首届十大网络教学能手等荣誉称号,并获中国教育电视优秀教学课例评选一等奖、江苏省优秀课评比一等奖、江西省首届名师杯微课比赛一等奖。"汪慧琴、李兴名师工作室"主持人。

研究方向为信息技术与课程整合、物理教学研究。在省级以上期刊发表论文近20篇,主编或参编专著4部,"十三五"期间主持省规划课题1项,参加省教研室课题1项,获江苏省教学成果奖二等奖2项。

工作室介绍

江苏省李兴网络名师工作室的前身是汪慧琴、李兴名师工作室,工作室第1期成立于2015年,第2期成立于2018年。2016—2020年,工作室取得了丰硕的成果。2021年,经江苏省教育厅批准,正式成立"李兴网络名师工作室",李兴老师担任工作室的领衔人。

工作室聘请江苏省物理特级教师、正高级教师汪慧琴老师,苏州大学物理科学与技术学院教授、《物理教师》常务副主编、苏州物理学会秘书长(法人代表)桑芝芳担任导师。

目前,工作室成员共计有50余名(含省外),苏州地区的成员中,市级以上学科带头人3名,苏州市区级学科带头人4名,研究生以上学历者近70%,平均年龄约38岁,年龄层次结构比较合理。

自2021年1月成立省级工作室以来,工作室成员获得省级以上奖项共计20余项,发表论文共计10余篇,参编和主编专著2部。1项省级课题和1项市级课题均成功结题,同时申报了2项省级规划课题。工作室成员共获得2项江苏省教学成果奖二等奖。

"创新实验"让物理教学精彩纷呈

□ 苏州市电化教育馆　王　越

"测量长度、验证机械能守恒定律、测量电源的电动势和内阻……"在江苏省苏州第一中学校（以下简称"一中"）举行了一场"高中物理大型实验情景秀"。据了解，此次活动是李兴网络名师工作室成员精心策划的，李兴表示，希望通过活动让学生亲自演绎，亲身观察、测量、记录、整理数据、总结报告、讨论交流。学生在实验过程中学会科学方法，体验成功的乐趣，这样才能真正落实"以培养科学素养为宗旨"的新课程理念。

李兴网络名师工作室领衔人李兴说："物理是一门实验类学科，最近几年对实验类学科的考查更加侧重实际操作，所以我们就整理了在高考中出现频率较高的物理实验，将平时容易错的知识点重新梳理一遍。"

"实验"是物理教学的灵魂。李兴说，通过物理实验不仅能够培养学生观察能力和动手能力，而且可以使学生获得一定的实验技能，激发学生的学习兴趣，提高课堂教学效率。因此工作室一直在着力研究如何让物理实验走进课堂教学，更好地为教学服务。

李兴说："我们一中物理组在开始上公开课之前必须要有1—2个亮点创新实验，要求每位上公开课的教师把45分钟的课浓缩成8—10分钟的微课。我们提出了'教学'与'教科研'双螺旋结构，希望教学行为和教科研行为能相互促进。"

记者了解到，目前工作室凝聚了省内外100位优秀的高中物理教师。李兴说，要让学生爱上某个学科，教师自己首先对这个学科要爱得深刻，对于学科的理解要有自己的独到之处。信息技术在物理教学上的运用可以增强实验的可见度，因为有些实验受条件的限制，学生只能从理论上了解，对于现象和规律理解不深刻，而采用计算机技术来模拟这些物理现象，则会收到事半功倍的效果。

物理教师黄佳说："在名师工作室里不光能够了解学习很多教育教学理论，而且在创新实验及信息技术的应用上也有非常多的收获。李老师提供信息技术和创新手段，带领我们对这些实验进行改造，取得的效果很好，学生更容易理解。"

李兴网络名师工作室导师汪慧琴说："希望通过我们的工作让高中物理教学再上新台阶，推进理科教育改革的进程，我们希望通过这个课题研究促进教师的发展。从'实验'上寻找突破口，通过各种创新实验，提高教师的素养，也通过教学当中的实验，来促进学生动手能力的发展。"

采访中李兴告诉记者，他希望将工作室打造成有区域影响力，具有引领作用的网络教学研究团体；能够形成具有自身特色的信息技术与高中物理教学深度融合的理论体系；力争让工作室的成员能够获得成长，成为苏州市乃至江苏省的网络名师；借助网络，有效服务于江苏省的高中学生；争取打造更高一级的研究平台，将工作室的影响扩至全国。

例谈微课在高中物理复习中的应用

□ 苏州第一中学校　沈　磊

【摘　要】科技在发展，教学方式也在不断更新。"微课"作为教育领域里一种新型的教学模式，突破了传统教育模式的时空限制，具有教学时间短、教学内容针对性强、教学资源利用最大化等特点。物理复习教学中，在课堂导入、物理实验、知识点突破等环节，恰当运用"微课"，有针对性地为学生答疑解惑，可以激发学生的学习兴趣，从而取得更好的教学效果。

【关键词】微课；复习课；自主学习

"微课"是指以视频为主要载体，记录教师在课堂内外教育教学过程中围绕某个知识点（重点、难点、疑点、考点等）或教学环节（如学习活动、主题、实验、任务等）而开展的精彩的教与学活动的全过程。微课是近几年在教学中开始探索使用的一种新的教学辅助手段。

近几年不少地方、学校都开展了制作微课的比赛，很多科目的教师都积极参与，并且将之用于实际教学。笔者也尝试将微课用于课堂，尤其是复习课，颇有感触。

因为江苏新课程改革，尤其是在高考政策的影响下，高中物理复习课在校课时往往很少，高三最多每周6课时，到后期甚至只有3课时，往往时间紧、任务重，在这样的大环境下提高学生的复习效率就显得尤为重要。针对这种情况，笔者利用了微课这一教学手段，以期达到较好的效果。

在实际使用微课过程中，笔者发现针对不同层次的学生，微课的内容不能完全相同，学生使用微课的方法也略有区别，为此根据不同的学情做了相应的调整。

下面笔者就最近两年所教授的不同层次的学生的情况分以下三个方面举例说明。

一、课前预习

在带领2015届学生进行高三二轮复习时，笔者发现所教班级的学生虽然总体很优秀，但是在讲课的过程中，尤其是在讲解一些涉及概念的选择题时，学生的反应往往比较慢。课后与学生交流后得知，学生对部分知识点的概念理解不是很透彻，有些可以说完全陌生。由于对物理概念的认知度不够，学生在解题时常遇到困难，而当教师讲解一遍概念之后，很多学生还是能够掌握的，这充分说明这些学生基础不够扎实，但有一定的理解能力，只要在有限的时间内查漏补缺，还是能够快速提升成绩的。考虑到课堂时间有限，二轮复习的量又很大，学生都是一个专题一张卷子，课堂上能够给学生讲解基础知识的时间几乎没有，于是笔者就想利用微课这一手段。在制作微课时，考虑到要以帮助学生巩固概念为主，举例为辅，通常只选1—2个有针对性的概念型选择题，帮助学生有效复习。而做好的微课共享给学生之后，学生可以放在手机里，利用空余时间观看，甚至只需要听，就可以复习相关概念，从而提高预习的效率。

而在高二年级，虽然制作微课的目的也是让学生课外学习，可是微课难度和内容就不能按照高考冲刺的要求来设置了。

现在的高中生，几乎人手一部智能手机，学生放学后就喜欢打开手机听歌、聊天、看视频等。如何让这些学生自觉地做到课前预习、课上认真听讲、课后复习，估计只有借助微课才能够迅速解决这一难题。笔者将知识概念也做成视频，希望有图、有声音的视频能吸引学生投入一定的时间和精力。简短的书面语言，加上简单的解释，这就是复习课之前巩固知识的微课，内容不多，每次尽可能不超过2分钟，只是为了让学生增强记忆。

例如，在高二期末复习选修3-1电场一章时，笔者发现这一章节是高一学生应该掌握的，但学生已经没有太多印象了。由于这章的概念、公式很多，学生经常把电和磁的概念混淆。于是，笔者有针对性地制作了相应的微课，微课内容往往是图片加文字的组合（图1、表1），简洁明了，有些学生很乐意在没事的时候听听，逐渐地就养成了预习的习惯。

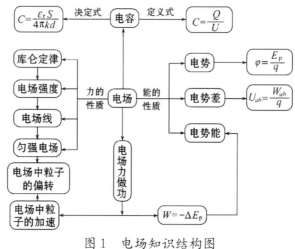

图 1　电场知识结构图

表 1　电场强度公式及适用条件

公式	$E=\dfrac{F}{q}$	$E=\dfrac{kQ}{r^2}$	$E=\dfrac{U}{d}$
适用条件	任何电场	点电荷产生的电场	匀强电场
备注	q为试探电荷的电荷量	Q为场源电荷的电荷量	d为两点沿电场方向的距离

对即将参加学业水平测试的文科班的学生来说，这种方法也同样适用，只是，述说的知识点是配合小高考的学案来的，学生就像在课堂上复习概念一样，这种自主学习的方法效果较好。

二、课堂运用

微课不仅可以在课前帮助学生预习，而且可以让学生在课堂中大放光彩。

高三二轮复习的课堂上，笔者将微课穿插在概念讲解和小专题中，大幅提高了课堂的效率。

例如，在讲解实验"利用纸带计算瞬时速度和加速度"时，虽然学生从高一开始就接触到了这个实验，但是在计算时总会出错，而且出的错总是雷同，不是公式计算出现错误就是数字代入出现错误。为此笔者从实验操作开始一个步骤一个步骤地进行演示讲解（图2、图3），将实验在视频中展示，再将视频投到教室的投影幕上，进而加深学生的印象，减少了不必要的错误。

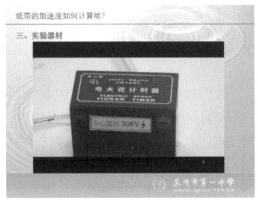

图2 "纸带上的加速度如何计算？"PPT首页　　图3 电火花打点计时器讲解

同样，在高二复习的课堂上，虽然也使用了不少的简易微课，但是这些微课制作相对比较粗糙，内容很浅显，只是把一些公式、定理、定律的内容重复了一遍，又或是将重点实验作为简单的例题，将解法通过微课呈现。例如，电表的改装（图4、图5），先以电压表改装的例题出现，一步步呈现解题思路，配以改装原理图，再将解题过程一步步展示，当学生有不明白或疑惑时马上暂停，教师现场进行补充。虽然制作微课时费了点力，但课堂上省时省力，学生也乐于接受这种教学模式。

有一个电流表"表头"G 内阻 $R_g=30\ \Omega$，满偏电流 $I_g=1\ mA$。要把它改装为量程 0~3 V 的电压表，要串联多大的电阻？改装后电压表的内阻是多大？

此题考查点：电压表的改装

图4 电压表改装的例题

电压表 V 由"表头"G 和电阻 R 串联组成
$U_g=I_g R_g=0.03\ V$
$U_R=U-U_g=2.97\ V$
由欧姆定律可以求出分压电阻
$R=\dfrac{U_R}{I_g}=\dfrac{2.97}{1\times10^{-3}}\ \Omega=2.97\times10^3\ \Omega$

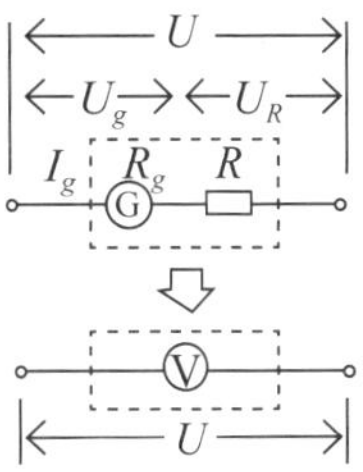

图5 电压表改装原理图

三、课后巩固

有了预习和课堂的复习是不够的，课后的巩固才是最后重要一环。面临高考的二轮复习题，有相当部分都是综合性的小专题，而一个小专题要讲透往往不是简单的三言两语可以做到的，于是笔者将这些小专题后面课堂上来不及讲的重点题型或是学生不容易自己解决的问题做成微课向学生展示。

例如,针对"等时圆"问题,笔者利用组内自制教具(图6),做了一个关于等时圆的微课,通过几个典型的实验一一证明了其中的关系。

在"等时圆"例题受力分析图中(图7),ad、bd、cd 是竖直面内三根固定的光滑细杆,a、b、c、d 位于同一圆周上,a 点为圆周的最高点,d 点为最低点。每根杆上都套有一个小滑环(图7中未画出),三个滑环分别从 a、b、c 处释放(初速度为0),用 t_1、t_2、t_3 依次表示各滑环到达 d 所用的时间,则( )。

图6 "等时圆"自制实验教具

A.$t_1<t_2<t_3$ B.$t_1>t_2>t_3$ C.$t_3>t_1>t_2$ D.$t_1=t_2=t_3$

解析:选任一杆上的环为研究对象,进行受力分析并建立坐标,如图7所示,设圆半径为 R,由牛顿第二定律得,$mg\cos\theta=ma$ ①

再由几何关系,得细杆长度 $L=2R\cos\theta$ ②

设下滑时间为 t,则 $L=\dfrac{1}{2}at^2$ ③

由以上三式得 $t=2\sqrt{\dfrac{R}{g}}$

可见下滑时间与细杆倾角无关,所以 D 正确。

结论:物体沿着位于同一竖直圆上的所有光滑弦由静止下滑,到达圆周最低点的时间相等。

推论:若将图7倒置成图8("等时圆"倒置图)的形式,同样可以证明物体从最高点由静止开始沿不同的光滑细杆到圆周上各点所用的时间相等。

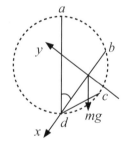 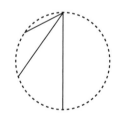

图7 "等时圆"例题受力分析图   图8 "等时圆"倒置图

学生通过这一微课了解到利用牛顿运动定律解决一些特殊情况的例子,小有收获。

针对高二文科班的小高考实验,利用之前就做好的微课"打点计时器中的纸带问题",详细地告诉学生实验的具体操作注意事项,如何计算纸带上计数点的瞬时速度和加速度,方便学生在课后,甚至是在寒假进行自主学习。

高二理科班最后复习用到的微课数量更多,这主要是因为时间紧、任务重。利用微课,可以将课后的作业做成问题分析,简单地进行讲解,重要的解题过程制作成图片的格式放在 PPT 中。虽然这一方法比较原始,但为学生赢得了更多的课堂时间。

总之,微课可以将课前、课堂、课后有机结合,调动了学生自主学习的积极性,真正做到提高学生的复习效率。

参考文献

谢瑾,张军朋.谈谈微课在物理教学中的应用[J].物理教师,2015(8):14-17.

智慧课堂架构下的教学设计
——以"探究自由落体运动的规律"为例

□ 苏州第一中学校　李　兴

【摘　要】 智慧课堂的构建与应用是当前教育现代化的热点领域，基于智慧课堂的学科教学迎来新的契机。该文从智慧课堂构建的角度，阐述了智慧课堂的基本架构，以"探究自由落体运动的规律"为例，提出 "场""核""骨""肉""魂"的智慧课堂教学设计。

【关键词】 智能技术；智慧课堂；核心素养

一、问题背景

随着教育信息化进入 2.0 时代，人工智能、大数据等智能技术对课堂教学产生深刻影响。在智能技术的支持下，智慧课堂的教育内涵是什么？如何从核心素养的角度，构建高中物理智慧课堂？本文以"探究自由落体的运动规律"为例，从智慧课堂内涵的角度，对构建物理学科智慧课堂进行探讨。

二、智慧课堂的要素及基本架构

1. 智能课堂的要素

智能技术是信息技术的一个分支，是依托精密传感器技术、计算机技术和智能算法，开发出能以与人类智能相似的方式做出反应的智能系统，包括机器人、语音识别、图像识别、自然语言处理和专家系统等。它由不同的领域组成，从事相关工作的人必须懂得计算机知识、心理学和哲学。智能研究的主要目标是使机器能够胜任一些通常需要人类智能才能完成的复杂工作。

《辞海》中"智慧"的释义为对事物能认识、辨析、判断处理和发明创造的能力。"智慧"含有人和物的双重意蕴,本文中的"智"侧重于表达技术的智能化,"慧"侧重于表达人的高阶思维水平、发明创造能力和审美价值取向。智慧课堂中的"智"主要指智能技术及智能技术支持下的教学硬件和软件环境。"慧"则是指学生的关键能力、必备品格和价值取向。通过教学环境和教学手段的"智",促使学生"慧"的达成。换言之,智慧课堂是指在信息技术的支持下,通过变革教学方式,将技术融入课堂教学中,营造个性化、智能化、数字化的课堂学习环境,从而有效构建促进智慧能力培养的新型课堂。

2. 智慧课堂的基本架构

智慧课堂是教育信息化背景下聚焦课堂教学的产物,是智能技术在新课程教学改革过程中不断推进与深化的结果。智慧课堂包含两个方面:一是技术支持下的智能环境,二是智慧化的教学模式和教学策略。智能环境包括资源集成中心、数据采集中心、数据处理中心;教学环节则包括课前预习、正式学习、反馈评价(图1)。

资源集成中心提供学习所需要的各类资源,包括图片、文字、音视频和工具软件等,为课堂的学习过程提供信息资源方面的支撑。数据采集中心除了可以采集学生测评的结果性数据之外,还可以通过各种精密传感器,采集学生的语言、语调、姿态、表情等方面的过程性的情绪和态度数据。这些都是对学生学习行为分析的元数据。

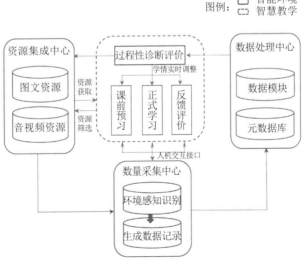

图1 智慧课堂的基本架构

三、基于智慧课堂架构的教学设计

智慧课堂作为新一代信息技术与教学深度融合的产物，重点在于以学生为主体的智慧学习活动设计和智慧学习空间构建，重塑和升级了混合学习模式的表现形态。智能环境、核心素养、框架设计、教学策略、育人理念则构成了智慧课堂的五大要素，即"场""核""骨""肉""魂"。

1. 智慧课堂的"场"——智能环境

从信息技术的角度看，智慧课堂强调利用先进的信息技术实现课堂教学的信息化、智能化，是基于硬件和软件技术的智能化空间场所。智慧课堂可以是整合了电脑终端、移动终端、互动电子白板、实物展台、即时反馈系统的"物理智能场"，也可以是基于互联网、移动终端、虚拟仿真等技术的"虚拟智能场"。这些硬件和软件构成的智能环境，形成了智慧课堂的"场"。所有课前、课中、课后的学习活动均在这些智能的"场"中开展。

2. 智慧课堂的"核"——核心素养

学科核心素养是学科育人价值的集中体现，是学生通过学科学习而逐步形成的正确价值观念、必备品格和关键能力。课堂教学是教育的主阵地，其核心是学生核心素养的目标达成。对于物理智慧课堂而言，其目标必须落实到具体的物理核心素养，也就是要具体落实在物理观念、科学思维、科学探究、科学态度与责任这四个方面。这是高中物理智慧课堂的"核"，智慧课堂教学必须依据核心素养的目标达成来设计，所有的教学活动也要围绕具体的核心素养开展。

"探究自由落体运动的规律"中的核心素养具体落实在以下几个方面：知道什么是自由落体运动；通过实验认识自由落体运动规律；认识物理实验与科学推理在物理学研究中的作用。教学的设计将围绕这些核心素养开展。

3. 智慧课堂的"骨"——框架设计

智慧课堂包含课前自主预习、课中正式学习、课后评价三个环节（图2）。在智能网络平台的支持下，学生可以自主学习相关的基础知识，智能系统会进行预测评，根据测评的结果，推送个性化的学习清单。

正式学习环节中，教师可以根据核心素养的要求，通过引导探究的方式，开展基于物理智能环境的集中式授课。学生也可以根据个性化的学习清单，自主订阅学习资源，在虚拟网络空间进行自主学习。智能系统将采集学习的全过程数据，自动进行阶段性的即时测评，根据测评的结果，实时调整学习清单，智能化地提供学习建议。学生则在智能平台的支持下,进行二次深度学习,让整个学习过程呈螺旋式上升的趋势。

课后评价环节,则利用学习过程中采集的海量数据,对具体教和学活动进行智能分析和画像。从传统的结果性评价转向结果性与过程性相互融合的评价,提高增值性评价的权重,从多个维度开展智慧课堂的评价工作。

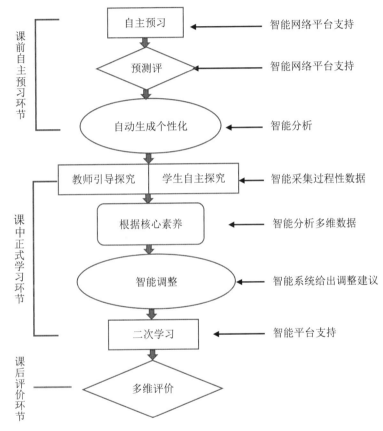

图 2　基于智慧课堂的教学框架设计

4. 智慧课堂的"肉"——教学策略

在智慧课堂框架设计的基础之上,根据实际教学情况,采取相应的具体教学策略。丰富多彩的教学活动和解决策略则成了依附在课堂框架上的"肉"。以"探究自由落体运动的规律"为例,根据不同的核心素养目标,提出详细的解决策略。

131

（1）课前自主预习环节。

本环节的目的是让学生通过预习的方式开展自主学习。通过互联网平台提供有关自由落体运动的文字描述、图片和视频资源，简要介绍自由落体运动的基本规律。同时提供应用匀变速直线运动的规律解决简单的自由落体运动问题的示范案例。教师则根据预习的目标设计一个预习清单，预习清单中设计几个简单的小问题，还可以根据物理学科的实验特性，布置几个简单的居家实验小任务，拍成小视频，上传到学习平台与大家分享。学生可以根据预习清单中的小问题，进行自主学习。预习清单中的问题要根据学生已有的储备知识水平来设计，学生通过自主学习能够解决其中大部分的问题。

自主学习结束后，系统会自动根据教师预先的设计实时进行预习效果检测。预习阶段的检测可以根据知识的完整性来设计，不必过分强调探究能力和思维水平，并根据预习检测的结果，通过系统推送个性化的检测报告和学习建议清单，不同的学生将拥有不同的检测报告和学习建议清单，这些步骤将在教师的设计下由智能系统自动完成。

（2）课中正式学习环节。

该环节是学习的重要阶段，课堂教学的目标与预习阶段有所不同，环节的设计将基于预习阶段的学习建议清单，侧重于提升学生科学探究能力和科学思维水平，在润物细无声的过程中，培养学生树立科学态度和责任心。

正式学习环节，可以是基于智能硬件环境的集中式班级授课，也可以是基于智能互联网环境的虚拟课堂授课；可以是教师引导探究活动，也可以是学生根据系统提供的个性化学习建议清单，进行自主学习。学习过程中，系统将不停地采集学习的过程性数据，采集的数据不但包括定量测评的分值，也包括学生的发言、表情、姿态、情绪变化，这些过程性数据是对学生进行全面画像的依据，也是系统智能推送学习调整清单的依据。

根据系统推送的学习调整清单和配套资源，可以进行二次深度学习，有针对性地布置新的学习任务。在此过程中可以集中展示并分析优秀的实验小视频，各小组也可以交换"探究自由落体运动的规律"的实验方案。例如，可以用物理虚拟仿真软件，可以用打点计时器打纸带的方式，也可以用手机的"慢动作"功能拍摄自由落体，还可以用频闪摄影的方式，甚至可以用 Phyphox 应用软件直接测量物品自由落体时的加速度……

（3）课后评价环节。

长期以来，教学评价标准比较关注最终的考试结果，关注记忆离散知识的能力，未能充分关注学生复杂的思维活动和解决问题的能力，缺少过程性的评价。教育决策者往往更加注重横向集体的比较评价,较少关注纵向个体增值的评价。

信息化智能平台可以多角色、多元素、多维度采集海量的过程性教学数据,因此既可以从多个维度对学生进行立体画像式的评价,也可以根据过程性数据对学生个体进行增值性评价。

学业质量需要建立规范或标准,以学科核心素养或学科能力为标准。高中物理课堂教学的评价可以根据物理观念、科学探究、科学思维、科学态度与责任确定思维维度划分为5个等级,如表1所示。

表1 学业水平的等级

等级	基本要求
1	学生有学习物理的意愿与兴趣,其学业水平正向合格发展
2	通过对必修课程的学习,达到高中学业水平考试合格的要求
3	超过了学业水平考试的要求,但还没有达到高等学校相关专业的要求
4	通过对必修与选择性必修模块的学习,达到高等学校相关专业的要求
5	达到了全国一流大学相关专业学习的要求

"探究自由落体运动的规律"的具体教学中,制定一个五分制的评价量化表(表2),作为评价的依据。分值与表2中的等级水平相对应,分值越高,说明学生在这一方面的素养越高,学业水平越高。

表2 "探究自由落体运动的规律"评价量化表

核心素养	过程性表现	分值
物理观念	能准确描述什么是自由落体运动	1
	能准确描述自由落体运动的规律和相应公式	2
	能理解重力加速度的物理意义	3
	能从运动观角度认识自由落体运动	4
	能从物质观、运动观和能量观多角度认识自由落体运动	5
科学探究	能根据已有的实验方案,完成实验操作	1
	能理解实验原理,与他人合作完成自由落体运动实验	2
	能发现实验中存在的问题,并提出解决方案	3
	能提出多种自由落体运动的实验方案	4
	能提出可行的创新实验方案	5

续表

科学思维	能够识别简单的自由落体运动模型	1
	能利用自由落体运动的模型解决简单的问题	2
	能解决实际情境中自由落体运动的问题	3
	能解决多物体连续下落的复杂问题	4
	能对他人的观念和结论提出科学的质疑和批判	5
科学态度与责任	能主动参与小组的研究	1
	自由落体实验过程中能坚持实事求是的科学态度	2
	能辩证地看待伽利略和亚里士多德在物理学方面的贡献	3
	能欣赏和发现物理之美	4
	通过学习,形成保护环境及可持续发展的责任感,形成正确的科学伦理观	5

5. 智慧课堂的"魂"——立德树人的理念

立德树人就是要以育人为本、德育为先,实施素质教育,提高教育现代化水平,培养德智体美全面发展的社会主义建设者和接班人。物理学科是一门自然学科,单纯的自然科学知识本身没有国界,但是科学家是有国籍的,是受到不同价值观和伦理观影响或支配的。在科学技术高速发展的过程中,"有技而无德"的人也许会给人类、国家和民族带来灾难性的后果。

立德树人中的"德"既包括作为中华民族的一员应具备的"德",也包括处理好人与自然、技术与自然关系的"德"。与所有其他形式的课堂一样,在智慧课堂的架构中,必须将"立德树人"作为课堂的精神支柱,它是智慧课堂的"魂"之所在。

四、结语

智能技术在教育领域的蓬勃发展,引发了课堂教学结构和方式的根本性变革。课堂教学正在从基于知识体系传授知识和技能,转变为通过布置智能场景,培育学生的高阶智慧和高尚品质。作为教育工作者,应当基于"立德树人"的理念,以核心素养为目标,将"技之智"与"人之慧"在智慧课堂中深度融合,为探索基于智慧课堂的教学变革提供理论支撑和实践经验。

参考文献

[1] 刘邦奇,李鑫.智慧课堂数据挖掘分析与应用实证研究[J].电化教育研究,2018,39(6):41-47.

[2] 陈至立.辞海[M].7版.上海:上海辞书出版社,2020.

[3] 唐烨伟,庞敬文,钟绍春,等.信息技术环境下智慧课堂构建方法及案例研究[J].中国电化教育,2014(11):23-29,34.

[4] 彭绍东.大数据时代网上学习行为研究的挖掘方法模型与应用[J].电化教育研究,2017,38(1):70-79.

[5] 尹立坤."互联网+"背景下智慧课堂的构建与应用研究[J].物理教师,2017,38(11):68-70,73.

[6] 中华人民共和国教育部.普通高中物理课程标准:2017年版[M].北京:人民教育出版社,2018.

[7] 马亚鹏.论物理学科的育人价值[J].物理教师,2021,42(1):70-73.

[8] 廖伯琴.普通高中物理课程标准(2017年版)解读[M].北京:高等教育出版社,2018.

[9] 钟启泉,崔允漷.核心素养与教学改革[M].上海:华东师范大学出版社,2018.

注:本文系江苏省"十三五"规划重点课题"'教为不教'理论下'以研促教'课堂模式建构研究"(项目编号:YZ-b/2020/06)阶段性研究成果。

网络名师工作室 罗常春

领衔人简介

罗常春，罗常春网络名师工作室领衔人，1991年，怀着对教育事业的无比崇尚，她走上三尺讲台，用全部的深情和爱心浇灌稚嫩的幼苗，用满腔的热血谱写人生乐章。她专注教学，引领学生想学、会学、优学、乐学，启迪思维的同时，培养学生的创新意识，指导学生参加全国创意大赛获得了一等奖。她潜心钻研，奋战在教学科研第一线，参加教学竞赛多次获得国家、省、市级奖项；主持完成国家、省、市级课题6项；先后被聘为省级网络名师工作室负责人、高校研究生校外合作导师及客座教授等。

工作室介绍

　　江苏省罗常春网络名师工作室以"学科共融、课程共建、思维共生、师生共进"为目标，充分发挥网络优势，缩短区域、校际差距，把网络教研、师资培训、教学资源、网络扶智和个人空间有机融合，在学习、实践、反思、总结的过程中，积累丰富的典型案例，进一步提高研究成效，充分体现工作室的研究、辐射、指导功能，带领工作室所有成员分享研究成果，促进专业成长，使工作室真正成为教师成长的乐园。工作室由1名领衔教师、6名学科导师、12名核心教师和75名学员教师组成，他们分别来自江苏省常州市、苏州市等25个学校，以"领衔教师+学科导师+核心教师+学员教师"的模式分成5个研修小组，在领衔教师的引领下，每位学科导师指导几名核心教师，每位核心教师指导若干名学员教师。让每位成员茁壮成长。工作室以读书活动为基础，建设学习型的团队，提升成员思想修养和专业素养；以磨课活动为载体，进行课例研究，提升成员课堂实践能力；以专题研修为依托，逐步积累研究资源，发挥工作室辐射功能。工作室围绕"三个课堂"，开展线下、线上教学研究，以"学数学、重素养、话创新"为研修专题，一年一聚焦，在培养学生创新意识上发力。

抱团发展发挥团队力量　践行数学思想

□　苏州市电化教育馆　彭　飒

2022年1月,江苏省中小学网络名师工作室名单公布,在苏州入选的12个网络名师工作室中,由张家港市云盘小学特级教师罗常春领衔的网络名师工作室也位列其中。区别于一般名师工作室,网络名师工作室更加注重网络技术的运用,将信息技术与课程教学相融合。

张家港市云盘小学数学教师、罗常春网络名师工作室领衔人罗常春说:"网络名师工作室不受时间、空间及地域的限制,通过线上教学可以让全省乃至全国的教师、学生受益。在信息技术方面,我要好好学习,有些教学的软件更新得非常快,所以教师要不停地学习,这样才不会被淘汰。"

罗常春网络名师工作室致力于青年教师的成长,以"学科共融、课程共建、思维共生、师生共进"为目标,为热爱教育事业的教师搭建一个成长的平台。目前,工作室近百名成员分别来自常州市、苏州市等25个学校,按照"领衔教师＋学科导师＋核心教师＋学员教师"的模式分成5个研修小组开展教研活动。

罗常春网络名师工作室成员倪海飞说:"我加入罗常春老师领衔的网络名师工作室之后,感觉成员之间的交流很多,老师的指导也很有针对性,所以我感觉在这种抱团发展相互促进的氛围下,个人有了很大的进步。有研讨活动的话,学员教师和学科导师之间会有更深的交流。"

工作室将磨课活动作为载体,进行课例研究,以提升成员课堂实践能力。让领衔教师率先垂范,上公开课、示范课,深度解读教材。工作室每学年至少安排10次主题研修活动,并携手张家港市教师发展中心、苏州市名师名校长工作室开展相关的活动,通过写教学反思、随笔观察、读书交流等形式提高成员教师的教研能力。

倪海飞还说:"4月的时候罗老师刚好开展了一次线下的研讨活动,我前前后后跟着她一起试教、磨课了很多遍,然后就发现在每一次的试教之后她都会倾听多方面的意见,甚至是像我这样的年轻老师她也会主动沟通,听听我们课后的感想。以前觉得做老师一个人做好就够了,现在发现光靠一个人的努力是不够的,还需要一群人的努力。"

工作室始终围绕"三个课堂",以"学数学、重素养、话创新"为专题,一年一聚焦,在培养学生创新意识上全面发力。除此之外,还制定了三年规划,以网络名师工作室为平台,开设网络课程,发挥团队力量,践行教学思想。

张家港市云盘小学数学教师、罗常春网络名师工作室领衔人罗常春说:"我们工作室计划开设将空间与图形融入信息技术的课程,一方面是为了提高教师的信息技术水平,另一方面是将信息技术和小学数学融合,更好地服务学生。"

据了解,工作室下一步将申报基于"网络名师工作室"引领的农村青年教师成长研究课题。通过了解农村小学青年教师对"网络名师工作室"的认识、专业化发展现状来分析所存在的问题,充分利用网络名师工作室的资源优势和技术优势,为农村小学青年教师的顺利成长奠定理论基础,提出专业成长策略,形成多样化的农村小学青年教师专业化培训和发展模式。

"互联网+"背景下小学数学项目化教学案例探讨

□ 江苏省苏州市张家港市云盘小学　罗常春

【摘　要】 互联网已经叩响了"万物互联时代"的大门,这无疑给教育领域输入了新鲜血液。传统意义上的多媒体教学已经不能满足这个时代的教育发展,基于此,文章从传统教学模式的不足入手,利用"互联网+"概念衍生出来的项目化教学模式,进行案例分析并总结项目化教学模式的优势,以期达到优化教学的最终目的。

【关键词】 "互联网+";小学数学;项目化学习;案例探讨

课堂教学作为小学数学教学的主要模式,其教学效果极大程度反映了教师的综合素质与教学理念,而项目化教学作为知识与能力并重的教学模式,与信息技术有着极强的联系。在信息技术普及的今天,如何处理好"互联网+"背景下传统教学手段与新兴教学技术的有效融合,成了教师思考的首要课题。

一、项目化教学的内涵及优势

项目化教学是通过实施一个完整的项目而进行的教学活动,其目的是在课堂教学中,把理论与实践教学有机地结合起来,充分激发学生的创造潜能,提高学生解决实际问题的综合能力。项目化学习是一种无界学习,采用跨界融通的方法,指向学生的数学核心素养。教学中,教师聚焦数学思想,整合多元课程目标。通过设置综合学习内容,融合现代教育技术,发展学生的数学核心素养。其实施的流程为明确任务、制订计划、实施计划、检查评估、归档应用。项目化教学具有实践性、自主性、发展性、综合性、开放性等特点。

项目化教学模式是课堂教学新兴的教学手段,教师在日常的教学活动中围绕设定的教学目标以完整的项目化手段实施教学,为学生提供充足的可获取资源,并在保证学生自主能动性的基础上让其以小组为单位自由探索，深入挖掘，以此实现对学生知识能力与活动能力的培养。项目化教学在保证课堂的深度、广度、高度与宽度的前提下，能够充分实现对学生基础知识、基本技能、基础思想与基本活动经验等方面的培养，同时其在课程设计与教学技术两个方面有高度的自由性，与其他教学模式或教学手段有极高的亲和度。

项目化教学在数学教学中有着广泛的应用前景。首先，教师在进行教学设计时利用项目化教学可对教学难点进行强调，明确教学方向；其次，在"互联网+"背景下教师通过引导学生对课外知识进行了解，能有效增强学生的信息获取与筛选能力；最后，通过项目化教学中的团队协作部分，辅以教师的引导，能通过群体活动增强交流、优化观念，从而完成学习共同体的创建，有利于后续教学活动的开展。

二、"互联网+"背景下小学数学项目化学习教学设计

在"互联网+"背景下，相关信息化技术的引入使得项目化教学在小学数学教学中的实际应用变得多元化、立体化，一方面项目化教学模式的完善进一步加快了课堂教学的节奏，使知识培养与能力培养更为有效；另一方面利用信息化技术强化情景的创设提升了学生的学习兴趣，优化了教学效果。本文针对苏教版小学数学教材一年级下册的"元、角、分"一课，以"小小商店"为例开展项目化教学案例的设计。

（一）项目化教学设计基本信息

"认识人民币"是义务教育课程标准实验教科书苏教版小学数学一年级下册第五单元的内容。教学内容是认识1元及小于1元的人民币，认识人民币的单位元、角、分及其进率。《数学新课程标准》指出：数学知识来源于生活，应用于生活。人民币是我国法定的货币，在人们的生活中起着重要的作用。根据一年级学生已有的生活经验和对100以内数的认知。充分利用数字教育资源直观形象的演示，将抽象的知识具体化，使静态的知识动态化，运用现代教育技术与学生的思维特点达到和谐与统一，有效提高教学效果。关注学生的经验与兴趣，以发展人文精神为宗旨，以提高学生的综合素质为目标，以贴近学生生活实际为导向，遵循学生的认知规律，由易到难，由浅入深，让学生在实践中学习数学。本节课主要通过参加购物实践活动，进一步认识人民币，进一步了解购物过程，积累购物经验，从数学角度发现问题、提出问题，并主动运用数学知识解决问题。"小小商店"项目式教学设计的目的是希望学生有计划、有目的地准备商品、模拟购物活动，通过实践活动，加深对人民币及其币值的认识，能正确计算物品的价格，并学会从数学的角度提出问题、思考问题、回答问题，同时，提高学生灵活运用数学知识的能力，培养其社会实践能力。在"小小商店"项目活动中，让学生作为店长参与商店的运营活动，借助进货、销售、

结算等一系列过程，了解人民币的作用，深化经营理念，并感受其在日常生活中的重要价值，活跃课堂氛围，提高学生学习兴趣。

（二）项目化教学设计具体计划

在进行实际的项目化教学案例设计时，通过信息技术与小学数学有效融合能避免传统教学模式可能导致的信息量不足、时效性差、课时耗费较多等问题。具体计划实施可分为以下三个阶段。

1. 第一阶段：前期准备工作

（1）学生准备。

①物品：课前调查市场最受欢迎的商品或是自己用过的玩具、文具等物品，根据物品的原价、使用时间、损坏程度，确定一个合理的价格制作成价格标签；也可以参照教材中的场景图，分别准备商品、价格标签和人民币（学具、真钞都可以）。

②预设："顾客"需要设计自己的购物方案，想一想，准备购买什么，预计消费多少；"营业员"需要预设别人的购物方案，想一想购物过程中的报价、找币等可能出现的问题。

③请两名同学分别以"营业员""顾客"的身份做好周密的课前准备工作，文明购物，作为课堂范例展示。

（2）教师准备。

①提前准备好购物演示视频，用于课堂展示。

②辅助学生完成课前准备。

教师就活动中涉及的基本任务在班上进行明确，在此基础上学生通过家长的帮助在网上利用相关模拟软件进行虚拟商品的交易活动，以此感受进货、销售、结算等一系列进程在具体活动中的重要作用，并积极对相关活动中涉及的价格进行计算。在这个过程中，学生可对在活动中碰到的问题进行记录，并于班级教学活动群组内借助通信软件进行交流，通过同学交互、家长协助、教师指导等手段巩固知识要点。除此之外，学生可在家长的陪同下参观商店与超市，对于商品摆放、具体定价等进行了解，并以此确定自己商店的售卖品种、类型、商品定价、资金准备等。教师则需要在活动正式开展前对教室布局进行适当调整，并组织学生统一准备用于记录账目的笔记本。

2. 第二阶段：活动正式开展

任务一：扮演"顾客"角色完成购买商品的任务，做好数量、单价等记录。（说明：单价是指单件物品的价格，数量是指同一件物品卖出的个数。）

任务二：扮演"营业员"角色，完成商品卖出的任务，做好数量、单价等记录。（说明：

单价是指单件物品的价格,数量是指同一件物品卖出的个数。)

在活动正式开展的过程中,可采取以下步骤:第一步,给予"营业员"一定的时间对"小小商店"的店名与广告标语等进行设计与张贴,并允许"营业员"按照自己的想法对商品进行摆放与标签设置,等待"顾客"的光临;第二步,在"顾客"购买商品后,"营业员"需要对售出的数量、收取的金额等进行记录,方便活动结束后的营业额计算与业绩交流活动的进行;第三步,教师在活动开展过程中可扮演顾客前往学生的商店进行消费,并以引导为主有针对性地提出问题,例如,在经营过程中,若出现讲价的情况,该如何设定商品的售价范围?或者出现商品未售罄的情况,该如何处理剩余商品?第四步,教师应提醒学生对交易过程中出现的趣事、疑问或心得体会等进行记录,教师则用手机、相机等工具以相片、视频等形式记录活动中的点点滴滴,以便于后续的活动总结与分析。

3. 第三阶段:活动总结

在这个过程中,教师可对活动中出现的问题进行分析探讨,并鼓励学生以小组为单位交流心得,每个小组选取代表进行发言,分享活动过程中师生记录的趣事、疑问或心得体会、相片、视频,以此完成活动总结。同时,将在活动过程中录制的短视频、相片等相关材料整理后上传至班级公用的账号,记录学生点滴成长。

三、研究结论

知识和技能只有在具体的情境中才更容易理解与应用;知识只有在相互关联中才能更好地显示出意义;学习不应局限于个人的脑海中,而应将问题定位在真实世界中,将个人与生活联系起来;各种学科知识和技能是在解决真实世界问题时相互连接和交叉的。"互联网+"背景下各式现代化技术的引入与新观念的普及给小学数学教学带来了一定的挑战。相关教职人员应革新自身教学理念,探索创新教学手段,积极改进教学模式,将传统教学模式与新兴教学技术结合起来,将信息技术与小学数学深度融合,充分发挥项目化教学在小学数学课堂中的积极作用,增强教学效果,进而完成"互联网+"背景下的教学模式革新。

参考文献

[1] 温惠."互联网+"环境下小学数学课堂教学有效性探讨[J].数学学习与研究:教研版,2020(5):70.

[2] 仲金花."互联网+"背景下新型数学课堂的构建研究[J].名师在线,2020(8):14-15.

网络名师工作室 马莉莉

领衔人简介

马莉莉，正高级教师，全国优秀中学地理教育工作者，江苏省教科研先进个人，苏州市名教师，苏州市地理学科带头人，吴中区知名教师，全国对分课堂教师发展先锋教师，中国大学MOOC"微课程教学法"课程主讲教师之一。目前任职于江苏省木渎高级中学，发表100余篇文章，其中核心文章15篇，另有8篇文章被人大资料全文转载，目前主持省、市"十四五"规划课题各1项，是吴中区中学地理名师工作室领衔人。

工作室介绍

江苏省马莉莉网络名师工作室以"发展学生高阶思维"为核心,以"课堂改革"为宗旨,以"项目学习"为抓手,以"聚变出思想,裂变促发展"为运作机制,依托江苏省马莉莉网络名师工作室,探索技术与教学深度融合的智慧课堂发展之路,打造一支"读教研写"一体的教师发展团队。

自2021年1月成立以来,工作室成果显著,尤其是教科研方面,工作室成员主持江苏省教育科学"十四五"规划课题3项,主持苏州市教育科学"十四五"规划课题2项。

工作室通过专家讲座、研学考察、开课评课、专业阅读和撰写感悟等方式,引领学员进行专业的学习,站在大师的肩膀上前行;专业写作,站在自己的肩膀上攀升;专业交流,站在集体的肩膀上飞翔!

基于网络名师工作室的协同教研策略探索

□ 江苏省木渎高级中学　马莉莉

江苏省网络名师工作室是以信息化教育教学研究与应用为核心，以信息技术与学科应用成果突出的教师为主体，以提升全省教师信息素养、提高全省基础教育信息化教科研水平、汇聚优质网络教学资源为目标搭建的网络学习共同体。如何充分发挥网络优势，促进互联网环境下教科研方式的转变及教师信息素养的提高，是每一位网络名师工作室领衔人必须思考的问题。笔者基于近10年教研组组长的工作经验和11个月网络名师工作室、吴中区中学地理名师工作室的实践探索，发现"协同教研"是教研组变革的最佳方式，也是网络名师工作室发展的最佳途径。

一、"室"连协同教研的激进教师

本工作室的建设目标是以"发展学生高阶思维"为核心，以"课堂改革"为宗旨，以"项目学习"为抓手，以"聚变出思想，裂变促发展"为运作机制，依托江苏省智慧教育云平台，探索技术与教学深度融合的智慧课堂发展之路，打造一支"读教研写"一体的教师发展团队。（图1）

图1　马莉莉网络名师工作室的建设目标

1. 构建以教师发展为中心的新型教育科研生态

充分利用网络优势，更新教师观念，熟练运用学习科学的理论与方法，将当代科技成果融于本土创新的教学实践之中，不断提高教师信息素养和信息技术应用能力，培养一支高水平的信息化教学应用骨干队伍，积累一批既能激发学习力、拓展综合能力、发展核心素养，又能促进学业成绩提升的智慧课堂本土创新案例。

2. 建成优秀教师成长的推进器和优秀教科研成果的孵化器

工作室是以骨干教师为首，把有共同价值观念、热衷课程改革和自我发展需求的教师组织起来而形成的。通过骨干教师与专家、校长的头脑风暴，形成智慧课堂创新理念；再经过不同类型的教师群体开展实践研究，探索出本土创新的发展学生高阶思维的智慧课堂应用模式和项目学习成果推广的协同机制，适时发展具有共同教育理念的教师，甚至学校，让更多的教师和学生受益。

本工作室成员来自不同学段、不同学科、不同学校，小学包含语文、数学、英语、体育4个学科；初中包含语文、数学、英语、物理、化学、历史、道法、地理8个学科；高中包含语文、数学、英语、物理、化学、生物、历史、政治、地理、信息技术、体育11个学科。学员共计142人，其中核心教师10人。

2021年暑假，工作室开展共读一本书活动，成立了"笃学坊"。"笃"取自阅读、木渎的谐音，"笃学"寓意是专心好学，"坊"本意是手工制作的地方。"笃学坊"就是把一群共同爱好读书、勤于写作的江苏省木渎高级中学教师组织起来，共建一个QQ群，一起分享好书、畅谈思考，互相探讨、协作实践，共同打造一个轻松、愉悦且有利于个性化发展的学习空间。笃学坊首次共读的书目是《终身幼儿园》和《高阶思维培养有门道》。由于平时都是线上交流读书进度、分享读书体会，因此在工作室网页上设置了"读书分享"栏目，目前共上传了40篇读书心得；2021年8月26日还开展了一次线下读书心得分享活动，其中9位成员的读书心得被《吴中教育天地》录用发表。

二、"网"罗协同教研的名师团队

"工作室"每一位成员要遵循三级路径进阶的自我发展规则（图2）。第一阶为自我反思，要求每位成员学会每日一思，养成记录关键事件的习惯。第二阶为同伴互导，要求每位成员认识到合作是教师的专业品性，要有主体的意愿、共享的规则和互惠的效益。合作不只限于集中研修，更倡导随时随地的自主合作。第三阶为专家引领，要求每位成员意识到专家不仅有方法，而且有解释该方法的思路。

图 2 三级路径进阶的自我发展规则

本工作室聘请了三位指导专家，分别是复旦大学心理学教授、对分课堂创始人张学新先生，苏州市电教馆原馆长、微课程教学法创始人金陵先生，苏州市教育科学研究院地理教研员嵇瑾老师。除此之外，还会在集中研修时邀请国内、业内专家开设专题讲座。目前已邀请蔡明老师、景荣老师、张家辉老师、汪琼老师、陈炳飞老师和李彤彤老师。工作室要求每位成员不仅要领悟专家讲座的精髓，还要思考与实践，在实践中与专家联系，因为专家可以提供构建支持，帮助教师突破难点、提供方法；专家可以提供支架支持，帮助教师进行经验的组织化，指出解决问题的思路；专家还能提供心智引领，帮助教师观念更新，进行思想的启迪等。

"研"是我们工作室的核心，2021年7月初，笔者报名参加了与高校团队合作的"手拉手"活动。活动主题是"数据驱动的精准教学"，成果是以研究论文形式记载的学科、学校、地区基于数据对教学情况进行诊断并改善的优秀案例，以期形成具有代表性的研究论文。活动分集体讲座和分组研讨两种形式，集体讲座是协会邀请专家团队通过腾讯会议开展线上讲座，目前已经开设专家讲座4场，如表1所示；分组研讨是与合作团队线上交流。我们工作室由核心成员与四位高中数学教师组队，初步确定研究主题是"数据驱动的精准辅导"。

表1 集体讲座开展情况

时间	专家	主题	内容
8月5日	陕西师范大学张宝辉教授	文献综述确定研究选题	分享如何通过文献综述确定研究选题，为项目教师研究选题提供建议和反馈
8月9日	南京师范大学李建生教授	实验设计研究案例学习	通过一个研究案例，学习实验设计研究中的问题类型、实验设计中的变量设计、实验方法的实施，最后得出结果，以及结论，并讨论撰写方法

续表

时间	专家	主题	内容
8月12日	南京师范大学博士赵晓伟	利用学生数据提升教学水平	通过解读数据驱动教学的实施过程，期望帮助不同年级、不同学科的教师以系统的方式理解学生数据，并为后续教学实践提供行动指南
8月16日	南京师范大学教授沈书生	如何提炼研究结论	结论到底藏在哪里？我们如何从平时熟悉的场景中发现一些研究结论？以一个与中小学有着深厚情谊的高校教师的视角，与你一起分享观察与思考
8月20日	华南师范大学教授马秀芳	经典统计检验方法	为什么要统计检验？配对 t 检验、两组独立样本 t 检验、单样本 t 检验、案例分析、统计检验小结几部分内容

建立良性机制，联合高等院校、教科研团队，采用专题研修、分类培训等方式，开展运用信息技术促进学科教育教学的研究，培养信息技术与教育教学融合应用的优秀教师；培养电脑制作、人工智能等特色专业优秀教师。探索基于"互联网+"的教科研新模式，打造创新型教科研团队。

三、"线"牵协同教研的奋进群体

教研是一种促进中小学教师发展的重要活动。随着"互联网+"教育的普及与深化，网络研修成为教师专业化发展的主要方式。工作室通过线上教研活动、网上评课和线下"协同创新，互促共融"活动，把具有共同知识背景和发展愿景的教师聚集，形成学习型组织，通过聚焦教育教学的实践问题，共享发展默会性知识和实践性知识，达到技能提升和专业成长的目的。

2021年4月、5月分别与山东省潍坊文昌中学地理组全体教师、河南省漯河实验高级中学高三各科备课组长开展以"对分课堂"为主题的网上"送教支教"活动，得到参与教师的一致好评。

2021年5月，与徐州丁夏男网络名师工作室联合举办线上"基于多维角度微课设计实施方略研究"双室教师培训活动。本次江苏省网络名师南北双工作室线上教研联合是一种新型探索，跨越了时空的限制，就"微课"的研究更加深入，也深刻展示工作室的成长是一个"历练、结伴、蜕变"的过程，双工作室成员们纷纷表示受益良多。

一根网线牵引不同区域教师共同研修，开展教师信息化应用课堂教学的示范培训，探索网络课堂和远程协同教研相结合的研修模式，提高教师信息技术应用能力，加速教育现代化进程，促进薄弱地区优秀教师快速成长，实现区域教育教学均衡。

四、"链"接协同教研的数字资源

首先，工作室聚焦目前信息技术与学科融合的热点和难点问题开展协同攻关，拟对线上线下的混合学习、基于大数据的精准教学、基于大数据的真实情境学习、翻转课堂、对分课堂、大概念教学、大单元设计等问题进行专题研究，试图探索总结"互联网+"学科的应用模式。通过项目的形式开展校本课程资源和微课资源建设，形成可共享的资源库。

其次，围绕网络名师工作室教研特点，通过名师课堂、研修活动、课题研究等板块，聚焦区域内优质教学资源稀缺、资源孤岛等核心问题，实现资源建设与空间建设的有机整合，汇聚专业化、个性化教学资源，推进城乡优质教育资源同步建设，促进优质数字化教学资源共建共享。

最后，通过网络名师工作室组织大家观看学习全国各地的网络研讨活动和主题论坛，以更新工作室成员的教育教学理念，了解"互联网+"教育的发展动态，从而改进和提升自我的教育、教学方式与水平，重塑课堂实践。"教"是我们工作室的重点，"读""研""写"都是服务于"教"，反哺于"教"。作为工作室的领衔人，能做到的就是"网络"各种信息、各种渠道，为小伙伴们提供学习的机会、平台，"网络"小伙伴们一起头脑风暴，一起成为X型教师，一起螺旋提升创造力，一起追求美好人生！

注：本文系江苏省教育科学"十三五"立项课题"基于专业学习共同体的教研组变革策略研究"的阶段性研究成果之一（项目编号：J-c/2018/41）。

探索高中生网课效率的提高对策
——以生物教学在"无线宝"教学平台的应用为例

□ 江苏省木渎高级中学 邱晓华

【摘　要】新冠病毒感染疫情把线上教学带进了高中学生的学习生活，高中学习时间紧、任务重，转变为线上教学后，还存在教师不熟悉教学平台、对学生学习无法把控、师生互动难等问题，本文针对这些问题，在教学实施过程中不断探索，提出一些提高网课效率的对策。

【关键词】网课；把控度；黏度；参与度；有效度

2020年1月，新冠病毒感染疫情突袭而至，在"极限生存"条件下，亿万师生开展了"停课不停学"活动，网课成了学生的常态课。纵观全国各地的网课，尤其是高中生网课，效率低是最严重的问题，如何提高网课效率也成了学校、家长、教师共同关心的话题。笔者作为一名高中生物教师也面临着网课的挑战，现在作为江苏省马莉莉网络名师工作室的核心教师，更有责任研究提高网课效率的问题。

基于一年多的实践与探索，笔者结合"无线宝"教学平台和生物教学，提出以下四种对策以供借鉴。

一、教师要全心投入教学，提高网课教学的把控度

网课是应用多媒体和网络技术以实现教学目标的一种教学模式，对很多教师来说是一项全新挑战。教师要上好课，首先要学习线上教学平台的功能及操作，只有提高自身的信息技术能力，才能得心应手用好教学平台，不影响线上教学实施的效果。

笔者所在学校用的在线教育平台是"无线宝"，教师要熟练掌握导入课件、视频和音频的步骤，并能在播放课件与使用白板之间自由切换。课后作业提交是在钉钉平台，教师在班级群发布作业后设置"提交作业后即可见答案"，学生可以"在线提交"后自己先对答案，教师可"在线批阅"，并对作业进行评分和点评。学生可以回看上课的录像，也可以在QQ或者微信平台上问老师。

在网课中，教师提问的时候，很多学生为了不回答问题，故意设置无麦状态，教师提出一个问题，学生往往没有什么反应，教师不能在眼神交流中看出学生的掌握情况，随机点名回答时也往往状况百出，听不到声音或者是临时连麦出问题等情况频频出现，导致请学生回答一个问题要浪费很多时间。所以，上课时要和学生约定一些规则，如上课时学生要把麦克风权限打开，如果点到谁回答问题，出现状况课后要说明情况，也就是原则上每个学生都应该时刻准备好回答问题。"无线宝"直播时都支持学生连麦互动和在交流区互动，教师在"权限设置"中设置"公聊"，这样交流区的信息大家都可见，课堂氛围会活跃些。

教师熟悉教学平台，熟练掌握网络应用技能，制定合适的规则，进行有效教学监控，才能更好地把控网络教学的过程。

二、教师要精心设计教学内容，提高网课学习的"黏度"

高中生学习任务比较重，线下学习转变成在线学习后，师生不再是面对面的交流，教师无法以眼神来震慑或者调控学生，学生也容易躲藏在镜头后面"享受着"不在场的"自由"，逃避来自教师的同场权力感，教师看到学生是在线的，那学生是否全身心地投入学习中，是真的在学习还是存在假学习的现象，教师无法把控。

要让处在另一个空间、教师监控不到的学生投入学习，就要求教师一方面要精心设计教学内容，把教授的知识结构化、情境化、意义化，可以尝试基于问题或任务的教学。另一方面，网上有大量的教学资源，如微课、视频、图片、教学课件等，在上网课的过程中，教师也可以利用这些资源来增加教学的趣味性，提高对学生学习的"黏度"。

例如，在复习基因工程中的PCR技术时，如果教师只是把PCR过程复述一遍，把其原理、原料、酶、过程、结果、意义复习一遍，那么网上的课堂肯定吸引不了学生。

PCR是在体外扩增DNA的，现代生物技术中一个比较基本的技术，它可以运用在很多方面，但对学生来说是比较陌生的，因为在学生的日常生活中接触不到，所以PCR又多了一层神秘面纱。在复习这个内容时，笔者把它放到一个真实的情境中，与新冠病毒核酸检测联系到一起,让学生用所学的内容去解决日常生活中的问题,而且是新冠病毒感染疫情以来大家关注的、非常热门的问题,学生自然非常感兴趣。

笔者先给学生播放了一个荧光定量PCR法的视频,荧光定量PCR法是目前主流核酸检测的方法,视频中详细介绍了该方法的原理,具体步骤:采集样本→提取RNA→RT成cDNA→PCR扩增→结果分析。在创设了如何进行新冠病毒核酸检测这样的一个真实情境后,在大体了解原理、步骤后,再把焦点放到PCR上,就把学生的学习热情调动起来了,牢牢地吸引住了他们的注意力。

三、教师要潜心创设教学互动,提高学生网课的参与度

教师在课程中可以多设计些提问、选择、判断、辨析等师生互动环节。

例如,提问时,最好把一个大问题分解成小问题,形成一个问题串,一个接一个解决,让学生有话可说,不至于冷场。在上面提到的例子中,如果在看完视频后,教师直接问学生:"核酸检测是如何进行的?"这个问题就太大了,学生往往不知从何说起,即使有学生能复述出来,也只能讲个大概,很多细节不能关注到,浪费时间又意义不大。这时就可以把这个大问题分解,在需要学生关注的地方,设置一连串的小问题。如采集样本后可以提取到病毒的DNA吗?提取到病毒的RNA能直接进行PCR扩增吗?如何把病毒的RNA转变为DNA?PCR扩增时,要加哪些物质?为何除了正向引物、反向引物、Taq酶、dNTP外,还要加荧光探针?荧光探针上有哪两个基团?为何荧光探针完整时荧光基团不发荧光?荧光信号是如何产生的?荧光信号的强弱代表什么?循环数—荧光信号扩增曲线为何能说明有无感染新冠病毒?这些问题可以让不同的学生来回答,既增加了师生的互动,又增加了互动学生的数量,提高了学生的积极性。而且随着这些问题的解决,学生对核酸检测的原理、PCR的细节就很清楚了。

除了问答题之外,判断题和选择题也是很好的互动手段。判断题和选择题答案简洁明了,打字不需要太多时间,教师可以要求学生当场做,做完后在交流区把答案打出来,因为在"权限设置"中设置"公聊"模式,所以每位学生的答案都是公开的,这样交流区就活跃起来,不再是教师一个人唱独角戏,同时也便于教师对学生整体掌握情况有所了解。

"无线宝"平台有一个"练"的功能,教师可以在"练"中设置好练习题,让学生当堂作答并提交,每位学生的答题结果立马呈现,全班的准确率和错误率也马上就能呈现,这个比面对面线下教学能更快了解学生学情。这一效果,不仅方便教师从结果中了解学生的掌握情况,也是一种变相点名方式,可以针对性地挑出答错学生,了解他们出错的症结

所在，同时还可以让做对的学生来帮忙解惑。

四、教师要悉心反馈学习评价，提高网课学习的有效度

网课教学与线下教学一样，课堂上提出的问题，学生回答后要及时给出评价，而且要多给学生鼓励；教学完成后要及时、适时布置线上练习和课后作业，让学生通过钉钉、QQ等平台上传作业。教师要用好及时"在线批阅"功能，通过语音、批注、等级、退回等形式对作业进行点评，从而实现个性化的辅导，这一点比线下教学要有优势。

没有在规定时间内打卡的学生，平台有提醒功能，一是催促其及时完成作业，二是了解其未做的原因。在批阅学生作业过程中出现的共性问题，教师可以及时在社交平台，如班级微信群或者QQ群统一评讲，还可以通过局部截图的形式和学生讨论更多的相关知识，分享一些与课程相关的学习资料；学生提出的个性问题，可以及时私聊解决；评价鼓励要及时，每位学生的作业都要给出等级和评价，评价尽量写得详细具体些，以显示教师对学生作业的重视，让学生感受到他的认真学习教师是看得到的。学生完成得好的，要及时给予肯定和表扬；完成得不太好的，也要多鼓励，从而提高学生的学习积极性，让学生充满热情地投入学习中。

教师及时反馈评价，帮助学生巩固内化知识，提高学生学习的有效度；同时，教师也要通过教学评价及时反思，改进教学方式和方法，不断提高网络教学的质量。

网络名师工作室 曹会

领衔人简介

曹会，江苏省外国语学校教务主任，吴中区第五届人大代表，江苏省物理特级教师，江苏省高中物理名师工作室、江苏省网络名师工作室主持人，江苏省333高层次人才培养对象，《中学物理教学参考》杂志特约编辑，苏州科技大学"中学物理课程论"主讲教师。主持多项省级课题研究，其中"多元化物理实验教学资源整合的研究与应用"获江苏省教学成果特等奖（国家级教学成果二等奖），"情境演进为主线的高中物理课堂教学范式的构建与实践研究"获苏州市教育教学成果一等奖。受邀参与《物理教师教学用书》《中学理科实验教学指导》等多部教材的编写工作。在《物理教师》《物理教学》《中学物理教学参考》等物理专业期刊上发表论文近20篇。

工作室介绍

江苏省曹会网络名师工作室经江苏省教育厅批准于2021年正式成立，曹会老师担任工作室的领衔人，聘请江苏省教研室叶兵教授、人民教育家培养对象张飞教授担任工作室导师。工作室原有研究团队研究基础扎实，研究成果丰硕，已逐步形成了"实验教学资源整合"和"四主教学范式"的教学特色，三项研究成果分获国家省市区奖项，其中两项获省、区特等奖。本着"项目引领、名师助推、资源共享、共同发展"的工作思路，围绕新课改提出的物理核心素养培养目标，凸显学科育人需求，确定工作室重点研究方向为"高中物理'四主'教学范式的实践及应用研究"，在实践探索中破解学科教育教学难题，推动工作室成员的专业成长和专业化发展再上新台阶，以引领学科教学共同发展，培养学科品牌教师，打造学科品牌，力争在三年的线上线下活动中每位成员都能再上新台阶。

"四主"教学模式 让学生成为问题解决者

□ 苏州市电化教育馆 陈 超

日前江苏省曹会网络名师工作室在苏州外国语学校正式成立。曹会老师担任工作室的领衔人，聘请江苏省教研室叶兵教授、人民教育家培养对象张飞教授担任工作室导师。

据了解，江苏省曹会网络名师工作室以"教学资源有效整合，教育技术有效融合"为教学特色，通过以"核心素养为主旨，学生为主体，教师为主导，情境演进为主线"的"四主"教学模式，最大限度地提高学生物理学习的效率。

江苏省曹会网络名师工作室领衔人曹会说："我们培养学生的目的不仅是使学生成为知识的习得者，还要让学生成为科学的爱好者，更重要的是使其成为真实问题的解决者，我们的这些做法也取得了一些成果，获得了业界同行们的认可。"

曹会表示，在日后开展活动中，工作室将本着"项目引领、名师助推、资源共享、共同发展"的思路，确定重点研究方向为"高中物理'四主'教学范式的实践及应用研究"，推动工作室成员的专业成长和专业化发展再上新台阶。

曹会说："工作室自启动以来，让大家立足课堂，聚焦项目，要求大家不仅要把课上好，还要把课上出特色，实现工作室教学和研究的齐头并进，力争在三年的线上线下活动中每位成员都能再上新台阶。"

加入网络名师工作室的成员告诉记者，工作室的成立为教师搭建了一个很好的平台，通过线上平台观看优秀的教课视频，教师在平台互相交流心得，形成浓厚的教研氛围。

江苏省曹会网络名师工作室成员陆永华说："江苏省曹会网络名师工作室，聚焦课程与课堂的改革，致力于推进信息技术和教学的深度融合，努力提升教师的信息素养，在"互联网＋"时代和疫情防控常态化时期，助推教师的专业和学生核心素养的协同发展。

江苏省曹会网络名师工作室成员牛振华说:"加入这个网络名师工作室,对我们每个人来说都是一种锻炼,在这个大集体当中,大家互相促进、互相学习、共同成长。"

采访中曹会告诉记者,希望将工作室打造成有区域影响力,具有引领作用的网络教学研究团体,力争让工作室的成员能够获得成长。工作室将基于物理文化视角培养学生的物理核心素养,通过理论学习和实践探索来破解学科育人的难题。

微课程教学法在高中物理教学中的实践探索
——以高三一轮复习"闭合电路欧姆定律"为例

□ 苏州市吴中区甪直高级中学　徐新兵　张志岩

【摘　要】本文通过微课程教学法系统设计，阐述以"任务单"引领与配套学习资源支持完成学习知识的任务，以微项目学习激发学生学习力，拓展综合能力，发展核心素养，实现在高三物理复习课堂尝试有效教学的思考、做法与体会。

【关键字】微课程教学法；有效教学；任务单；微视频

一、前言

2021年7月24日，中共中央办公厅、国务院办公厅印发了《关于进一步减轻义务教育阶段学生作业负担和校外培训负担的意见》，该文件明确要求减轻学生作业负担，这意味着靠重复作业、消耗时间来提高学生学习成绩的传统做法一去不复返了。文件多处提出，要"发挥学校主体作用""强化学校教育主阵地作用""整体提升学校教育教学质量""确保学生在校内学足学好""学生学习更好回归校园"。事实上，当前的教育实际与"双减"政策还存在较大的距离，甚至当前一批刚刚走上工作岗位的教师也是从应试教育中走出来的，教学困境不言而喻，课后作业量要减少，学习的效果还要得到保障，特别是遇到高三毕业班。解决的方法在哪里？微课程教学法指出了方案：学习知识主要在课外，内化知识、拓展能力主要在课堂。只需要几分钟学习的基础知识放在课后，体现能力的问题及需要合作学习的难题放在课堂，同"双减"政策极其吻合。

近年来，笔者也一直在新授课中采用微课程教学法，但对于复习课，始终没有尝试过。2020年5月,笔者也去观摩过一节基于微课程教学法的高三地理复习课,观摩后,感触颇多。2021年7月24日,中央办公厅出台"双减"政策,还要鼓励延时服务,文件出台后,引起减负增效的热议。为此,笔者开设了一节高三物理复习课,在实践中反思。

二、基于微课程教学法的高三物理复习课设计

高三物理复习课教学与新授课教学规律是不一样的,实现减负增效的手段也不相同,高三物理复习课并不是浓缩版的新课教学,新授课是学生初次接触,教学设计上更加关注"新""奇""特"以唤起学生较长时间的关注度;而复习课是学生再次接触,尽管有遗忘,但总是有印象的,教学设计上更加关注"联""比",以此促使学生寻找知识点之间的联系,比较异同点。笔者开设的复习课是人教版选修课程闭合电路欧姆定律。

1. 理清知识脉络,提炼达成目标

闭合电路欧姆定律是恒定电流这一章的核心内容,既是对之前所复习内容的高度总结,也是复习好后面电学实验、电磁感应的重要基础。所对应的题型也比较多,闭合电路欧姆定律的第一次复习课,也不可能面面俱到,若是什么都讲,相当于什么都没讲。于是,笔者基于学生的最近发展区,针对学生现有的知识体系,设计了如图1所示的思维导图。

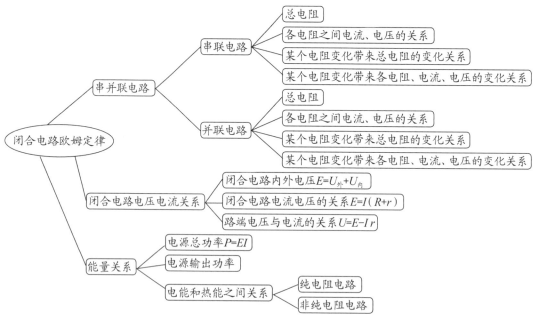

图1 闭合电路欧姆定律思维导图

(1)精炼出课前"自主学习任务单"所要达成的目标。

①知道串、并联电路中总电流与各电阻电流、总电压与各电阻电压之间的关系。

②掌握串、并联电路中总电阻的求解方法及某个电阻变化引起的总电阻的变化关系。

③掌握闭合电路欧姆定律 $E=I(R+r)$ 及变形式 $U=E-Ir$。

④应用能量守恒的观点解释纯电阻电路、非纯电阻电路中能量转化的关系。

(2)精炼出课堂学习任务单所要达成目标。

①通过完成自学检测,巩固自主学习成果。

②通过完成进阶作业,掌握欧姆定律公式的应用,掌握直流电路中的动态变化问题;掌握非纯电阻电路中能量的计算。

③通过小组协作验证"电路动态分析",掌握闭合电路欧姆定律的实际应用。

④通过陈述、质疑"电路动态分析"验证过程,培养良好的沟通习惯,能有条理地表达自己的观点,发现陈述中的问题并提出质疑,通过头脑风暴激发智慧。

设计意图:一节课不能解决所有的问题,闭合电路欧姆定律相关拓展也非常多,想通过一节课完全讲透是不可能实现的,但是,一节课总能解决一些问题,着眼于后续的复习课,本节课精心挑选了闭合电路欧姆定律中最核心的要素进行复习。这样处理,在紧扣课题的同时又能引导学生去关注生活中经常遇到的现象,激发学生兴趣,在复习课中渗透合作学习等人文素养。

2. 设计课前自主学习任务单

自主学习任务单是教师设计的,以表单形式呈现,用于指导学生自主学习,包括学习指南、学习任务、困惑与建议三个组成部分,可以更好地指导学生开展自主学习,是根据学生的最近发展区搭建的脚手架。精心设计的"学习任务"是它的主体部分,任务驱动问题向导是它的原则,即通过指定的问题引导学生观看课前微视频,阅读教材指定的内容来实现自主复习,根本目的还是减负增效。

余文森强调,有效教学三条铁律分别是先学后教以学定教、先教后学以教导学、温故知新学会了才有兴趣。作为高三第一轮复习课,学生已经学习过相关内容,尽管印象不深,但是对所学知识点还有一定的印象。在"学习任务"中,以问题的形式呈现闭合电路欧姆定律相关知识点,如让学生回答串、并联电路电流、电压的关系,单个电阻变化带来各支路电流、电压的变化,电路内外电压关系,以及能量问题。让学生通过观看课前微视频,唤起记忆,自主复习闭合电路连接前需要注意的事项、操作的步骤等,这样可以达到温故知新、先学后教的效果。

课前学习任务单如下。

（1）任务一：串联电路。

①串联电路中，通过各电阻的电流有什么数量关系？

②AB之间总电压与各电阻上分电压有什么数量关系？

③AB之间总电阻与各电阻之间有什么数量关系？

④其中一个电阻增加时，总电阻如何改变？

（2）任务二：并联电路（图2）。

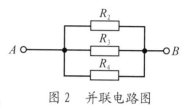

图2　并联电路图

①并联电路中，总电流与通过各电阻的电流有什么数量关系？

②AB之间总电压与各电阻上分电压有什么数量关系？

③AB之间总电阻与各电阻之间有什么数量关系？

④其中一个电阻增加时，总电阻如何改变？

（3）任务三：闭合电路欧姆定律（图3）。

①请写出 E 与 I、R、r 之间的数量关系。

②外电路电压（路端电压）等于电源电压吗？

③若电流为 I，请写出电源消耗功率和电源输出功率？

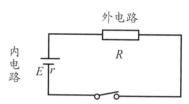

图3　闭合电路欧姆定律图

（4）任务四：纯电阻和非纯电阻电路中元件电功、电热相互关系。

①在纯电阻电路中，利用能量守恒的思想阐述能量变化。

②在如图4所示的非纯电阻电路中（以电动机为例），利用能量守恒的思想阐述能量变化。

3. 录制微视频

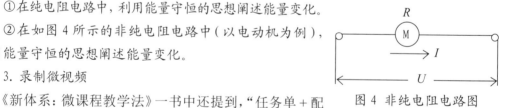

图4　非纯电阻电路图

《新体系：微课程教学法》一书中还提到，"任务单+配套微视频"构成了学生自主学习的资源，只要学生愿意学习，结合配套微视频，就能很轻松地完成课前自主学习任务。本节课是一节知识点复习课，按照传统的上课模式，为了能让学生对所涉及的知识点全面把控，这节课的前15分钟应该整理所涉及的知识点。而根据微课程教学法的思路，知识点的整理应该放在课前。因此，为了帮助学生更好地完成知识梳理，必须根据课前学习任务开发具有针对性的微视频。

首先，作为一节高三复习课，微视频开门见山提出"串并联总电阻求解方法"，并提出其中一个电阻的阻值增加或者增加一个电阻，总电阻如何改变的问题。至此，耗时1分钟。

其次，通过能量关系，重复了新课时 $E=I(R+r)$ 及变形公式 $E=U_{外}+Ir$ 和 $U=E-Ir$，并对比数学一次函数图像，解释了图线和横轴、纵轴交点的意义，以及图线与坐标轴所包围面积的意义，并提出了一个求电源内阻的问题。

4. 设计课堂学习任务单

微课程教学法是翻转课堂的本土化创新，认为学生在课前自主学习知识，已经基本掌握了原来教师需要在课堂上讲授的知识，课堂学习就是内化和拓展，即内化知识和拓展能力。

作为高三一轮复习课，课前任务清单中已经将基础问题全部解决，为的就是课堂能够直接进入主题。为此，笔者将课堂任务分成自学检测、进阶作业。

自学检测设计了两个简单问题，分别为单一串联电路的功率问题和动态变化问题，问题比较简单，但又需要稍作思考，一方面为处理进阶作业热身，另一方面也是为了让学生体验自主学习的成就感。

进阶作业必须分层次，极个别问题要求较高，以满足一些学习能力强的学生的需要，并考虑学生的最近发展区，以便鼓励他们通过思考解决问题。因为如果任务太简单，学生会觉得无聊，不利于提高学生的兴趣，所以笔者直接将高考题改编为进阶作业。当然，这个梯度也不能脱离实际，进阶作业必须建立在基础知识之上，同样和课前任务单高度吻合，它必须是理解基础上的应用，必要时，在课前任务清单中要有铺垫，这里再次强调课前任务单的重要性。

课堂任务单内容如下：

（1）任务一：自学检测。

①如图5所示，电源电动势为1.5 V，内阻为0.12 Ω，外电路的电阻为1.38 Ω，则不正确的是（　　）。

A. 路端电压为1.38 V　　B. 电源消耗的功率为1.5 W
C. 电源输出功率为1.5 W　　D. 电源输出功率为1.38 W

②如图6所示闭合电路中，当滑片P向右移动时，两电表读数的变化是（　　）。

A. 电流表A示数变大，电压表V示数变大

B. 电流表A示数变小，电压表V示数变大

C. 电流表A示数变大，电压表V示数变小

D. 电流表A示数变小，电压表V示数变小

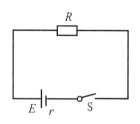
图 5　闭合电路图 1

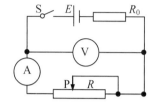
图 6　闭合电路图 2

（2）任务二：直流电路的动态分析。

①如图 7 所示，若仅仅 R_2 电阻增加，错误的是（　　）。

A. R_1 上的电流增加　　　　B. R_3 上的电流增加

C. R_4 消耗的功率增加　　　D. R_2 两端电压增加

②若在 R_4 下面再并联一个电阻，则以下说法错误的是（　　）。

A. 总电阻增加　　　　　　B. 总电阻减小

C. 总电流增加　　　　　　D. R_2、R_3、R_4 上电流都减小

③如图 8 所示，R_3 为光敏电阻，其电阻值会随光照强度的增加而减小，R_1、R_2 为定值电阻，L 为小灯泡，当照射光强度增加时（　　）

A. 电压表的示数增加　　　B. R_2 中电流减小

C. 小灯泡的功率增大　　　D. R_3 中电流减小

图 7　电路图 1

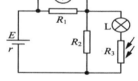

图 8　电路图 2

（3）任务三：理解非纯电阻电路中电功、电热、电功率的含义。

有一小型直流电动机，把它接入电压 $U_1 = 0.2$ V 的电路中时，电动机不转，测得流过电动机的电流 $I_1 = 0.4$ A；若把电机接入 $U_2 = 2.0$ V 的电路中，电动机正常工作，工作电流 $I_2 = 1.0$ A，问：

①电机不转时，是否为非纯电阻元件，此时线圈电阻多大？

②电动机正常工作时，电机的输入功率、发热功率、输出功率分别多大？

（4）任务四：协作探究。

利用所给定器材组成一个混联电路（并联+串联）（参考第 8 题图），要求：

①分组讨论，画出原理图。

②按照原理图连接电路，注意电表正负极接法，注意接通电路前滑动变阻器滑片位置。

③分组验证滑动变阻器电阻变大或变小时，电路电流、电压的变化。

④总结收获。

（5）任务五：展示准备。

①组员代表解说通过协作探究得到的个人学习收获。

②全班互动，展开评价或提出建议。

③设计基于 DIS 的协作探究。

这节课中，笔者设计了基于 DIS 的电路动态变化的验证性试验，每 4 个人为一组，采用苏威尔数字化实验室（SWP DIS）电流电压传感器测量。之所以不使用实验室常用的电流表、电压表，是因为学生使用电流表、电压表经常手忙脚乱，顶多读个六七组数据，而且读数误差较大，所以本次复习课，学生只要连接好实验电路图（图9），将电流电压传感器直接连接平板电脑，通过 20 Hz 自动读数功能，短时间内可以反复改变滑动变阻器阻值来获取电流值和电压值，只需要几秒钟时间，可以获取大量的数据。之后，就可以直接利用苏威尔软件来处理数据，利用 Excel 表格来处理数据，节约了大量的时间。需要注意的是学生需要掌握苏威尔操作软件的操作流程，如果课堂上临时学习，也需要较长时间，所以，提前一天就和学生一起学习苏威尔软件的使用流程，这个流程比较简单，经过 5 分钟的培训，学生基本上就可以掌握。

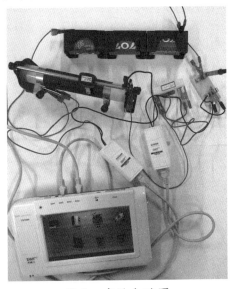

图 9　实验电路图

5. 展示成果

最后,学生展示胜利的果实,有的学生直接利用苏威尔软件,也有的学生打开 excel 软件,利用散点图功能展示。

三、总结

实践表明,学生做得比预想的更加出色,因为在微课程教学法实施过程中,学生真正成为开展自主学习的主体,作为学习活动设计者和组织者的教师,只是抽空指导、帮助学生,这也是微课程教学法和传统教学法最大的区别。所以,在这样一种形式的复习课中,很多问题不是教师直接提出的,而是学生自己在学习的过程中发现并合作解决的。当然,学生发现问题以后,有的时候也未必能够全部解决,即使讨论了,也不一定有结果,但是,我们还是要放手让学生自己去尝试,因为我们更加看重协作解决问题的过程,结果是次要的,过程才是主要的。教师要相信学生,在这种形式下,最终他们能够通过组内讨论、全班交流等形式,寻找到解决问题的手段。

参考文献

[1] 吴悠. 关于进一步减轻义务教育阶段学生作业负担和校外培训负担的意见 [N]. 新华社. 2021-7-24.

[2] 金陵. 新体系:微课程教学法 [M]. 北京:北京师范大学出版社,2020.

[3] 金陵. 翻转课堂与微课程教学法 [M]. 北京:北京师范大学出版社,2015.

[4] 余文森. 有效教学十讲 [M]. 上海:华东师范大学出版社,2009.

注:本文系江苏省教育科学"十三五"规划专项课题"核心素养背景下的高中理科HPS教育研究"(项目编号:C-b/2018/02/45)、苏州市教育科学"十三五"重点规划课题"基于学生核心素养提升的教学模式的变革与创新研究"(项目编号:16121070)的阶段性研究成果之一。

网络名师工作室 查德清

领衔人简介

查德清，中小学高级教师，苏州市相城区小学信息技术兼职教研员，江苏省网络名师工作室主持人，苏州市中小学教师信息技术应用能力提升工程培训课程团队核心组成员，苏州市小学信息技术学科带头人。曾荣获苏州市优秀教育工作者、苏州市中小学教师信息技术应用能力提升工程优秀辅导老师、苏州市教育信息化先进个人、苏州市中小学教育技术应用能手、江苏省科技教育先进个人等称号。

在苏州市中小学教师信息技术应用能力提升工程中开设课程教学视频处理技术入门、教学一体机使用入门、教师办公实用技能精选、手机摄影技能为教学增彩添色、手机在教学中的应用等课程，培训教师超3万人次。

在长期的教育与管理中，积累了大量的教育技术与信息技术经验，主持的两个省级课题已结题，并获省级教研成果二、三等奖，核心参与的省级规划（重点资助）课题已结题，在《中国教育信息化》《中国现代教育装备》《中小学信息技术教育》《中小学电教》《华夏教师》《小学教学研究》《教育实践与研究》《江苏科技报》等省级以上期刊（报纸）上发表40多篇论文。

工作室介绍

江苏省查德清网络名师工作室根据《省教育厅办公室关于组织实施第二批江苏省网络名师工作室项目的通知》（苏教办电函〔2020〕7号）精神，经各设区市教育局推荐、省级复核及公示等程序，被省教育厅办公室确定为第二批省级中小学网络名师工作室之一。

本工作室以教育科研为先导，以课堂教学为主阵地，以网络交流为载体，组建一支充满教育智慧，融科学性、实践性、研究性于一体的研修团队，致力于信息技术教学、信息技术与学科融合教学的研究。

工作室将以"名师引领、追求卓越、合作教研、共建共享、带动辐射"为目标，与专家对话，与大家同行，力争使工作室成为促进教师教学与科研提升的平台，成为各学科中青年教师专业成长的平台。

"技术赋能　大家同行"让教育之路越走越宽

□ 苏州市电化教育馆　杜　伟

查德清，相城区陆慕实验小学信息技术教师，20多年来他一直身处信息化教学一线，对信息技术与学科教学有长期、深入的研究，研究成果显著。近10年来，查德清开发的多个信息化教学培训课程作为苏州市教师信息技术应用能力提升工程培训课程，培训教师已超4万人次，影响深远而广泛。

2021年3月，由查德清领衔的名师工作室成为第二批江苏省中小学网络名师工作室之一。目前，该工作室已组建了一支专业性强、信息素养高的研修团队，团队成员是遍布全省60多所学校的120多位骨干教师，涵盖小学、初中、高中全学段。

江苏省中小学网络名师工作室领衔人查德清说："工作室整合了特级教师、学科教研员、教育技术专家等专家资源，以教育科研为先导，以课堂教学为阵地，以线上、线下交流为载体，引领各学科教师多层次、多角度、多渠道、全方位开展基于信息技术与学科教学深度融合的研究，进而快速提升教师的信息化教学水平，加快教师的专业发展。"

为探讨智慧课堂教学中共同关心的问题，推进智慧课堂教学的深度研究，增加信息技术、语文教师的交流机会，发挥名师工作室的辐射作用。日前，查德清网络名师工作室在南京师范大学苏州实验学校举办了一场以"技术驱动创新　智慧引领课堂"为主题的教学研讨活动。

当天的授课教师均是工作室的核心成员，4节精彩的公开课中，授课教师们紧扣信息技术学科核心素养，借助网络教室优势，在教学中把计算思维与数学思维进行了深度的融合，给大家呈现了一节节有宽度、有深度的示范课。

苏州大学实验学校教师王雷说："我感觉我们的工作室就像一个大家庭，在这里我们不但可以得到各种关心和帮助，还能经常参加各种精彩纷呈的教研活动，我们在教学中遇到的困惑也可以得到及时解答。特别是有了查老师的引领，有了其他学科的融合，有了更新的教育理念及更科学的教育方法，我们的教育之路越走越宽阔。"

苏州相城经济开发区澄阳小学教技室副主任陈雨婷说："网络名师工作室能让我更好地将信息技术和数学学科进行融合，从而提高课堂教学的效率，也让我的学生能够更加热爱我的数学课堂。"

查德清表示，工作室还逐步实现了与省内其他网络名师工作室的联动，推动城乡教师与对口支援薄弱地区共同研修，切实成为研究的平台、成长的阶梯和辐射的中心。

南京师范大学苏州实验学校副校长卢谦说："查德清网络名师工作室为学校信息化水平提高提供了强有力的支撑，提高了教学效率，改变了教学方式，也成了青年教师专业成长的重要平台。"

苏州市相城区教育发展中心教技室主任罗星说："希望工作室的领衔人能够认真地做好工作室的建设和管理工作，聚焦整个课程与课堂教学的改革，推进信息技术与教育教学的深度融合，从而全面提升相城区教育教学质量。"

对于工作室接下来的发展方向，查德清老师表示，工作室将以"名师引领、追求卓越、合作教研、共建共享、带动辐射"为目标，与专家对话，与大家同行，引领工作室成员继续广泛开展区域性、校际的研讨活动，给教师搭平台建舞台，帮助各学科中青年教师快速成长。

互联网时代"一师一优课,一课一名师"平台的应用

□ 相城区陆慕实验小学　王莉红

【摘　要】随着教育不断信息化及国家对教育的重视,各种教育技术进入日常的教学生活,最近几年,全国中小学都广泛开展"一师一优课,一课一名师"的活动,这是一个共享与学习的平台,要求在校的每位教师积极晒课,能够利用信息技术和优质数字教育资源至少上好一堂课。时代在进步,每位教师都必须接受现在的教育信息化改革,国家创建"一师一优课,一课一名师"这个平台是为了进一步提高教师的教学质量,充分调动各学科教师在课堂教学中应用新技术、新理念的积极性和创造性,使每位教师能够利用学校提供的优质教育资源,上好每一堂课。

【关键词】"一师一优课,一课一名师";信息技术;共享平台;能力提升

随着教育的不断现代化,教师通过"一师一优课,一课一名师"这个平台,教学能力及学习能力都得到不断提升。"一师一优课,一课一名师"平台的实践应用与共享主要体现在以下几个方面。

一、新理念、新平台,提升新老教师的教学能力

信息化是当今社会发展的大趋势,也是教育行业发展的大趋势,所有教师必须顺应时代的发展,使教学理念、教学技术得到发展与进步。作为一名老教师,面对如今教育的不断创新发展,比如"一师一优课,一课一名师"这个平台的应用,应该怎样做？难道就只是拿着粉笔按部就班地在黑板上写一辈子？忽视一些新平台开发出来的目的？毋庸置疑,当然要与时俱进,不断接受新理念,学习新技术,充分利用一切新的教学辅助工具,

不断提升自己的课堂教学水平。作为一名青年教师，虽然接受新事物的能力比较强，但是毕竟教学经验不足，课堂教学质量还有待提高。这就需要青年教师通过一些新途径来提升自己，比如利用"一师一优课，一课一名师"这个平台，学习名师的教学模式，与全国教师通过网络交流评价，开辟出一套适合自己学科、符合自己能力的教学模式，上出一堂堂精彩的课，这就是一种进步的方式。

"一师一优课，一课一名师"是一个全国性的教育平台，教师在平台上晒课、观课、交流，是教育方面一个创新型的平台。自从开展"一师一优课，一课一名师"的活动，学校马上落实对新老教师的培训方案，积极鼓励大家参加活动。参加"一师一优课"活动的教师需要准备一堂优秀的课，根据"自主、开放、创新"的教学理念，通过多次试讲，与学科教师讨论、修改，最后写出教学设计，同时配套的课件、板书等也是必要的教学资源，通过这样一个充分的准备过程，教学水平在无形中得到提高，何尝不是一种进步。

二、新平台、新方式，提高学生的课堂效率

在现行的教育教学中存在一定的问题，有些学生明显有"吃不饱，吃不了"的问题，如果教师一个个单独课后辅导，往往分身乏术，所以，最好的办法就是让教师更改课堂教学方式，提高学生的课堂效率。"一师一优课，一课一名师"这个平台能够帮助教师解决一定的课堂问题，这个平台就是一个网络学习的大平台，在平台上与名师交流如何突破一节课的难点，让学生更好地抓住重点，从而提高课堂效率。

我有幸参加过几次我校组织的"一师一优课，一课一名师"的活动，整个活动下来，收获颇丰，比如课堂上学生的注意力不集中是学生学习效率低的重要原因，那么如何解决这个问题呢？作为旁观者，我在观察其他教师录课的时候发现，教师的热情是首要的，每个录课教师都情绪高涨，激情澎湃，这可以很好地吸引学生的注意力。所以教师在教学中要具备良好的心态，才能在教学过程中激发学生对知识的热情，在课堂上做一个有"激情的人"，才能完全掌握课堂，让学生"吃得饱"。所以，通过"一师一优课，一课一名师"这个活动，不管是录课的教师还是旁听的教师，都能从中受益，总结经验，让自己的课堂更加精彩，让学生的学习效率不断提高。

三、新氛围、高创新，开辟学校的教学特色

教育信息化是衡量一个国家和地区，甚至一个学校教育发展水平的重要标志，对于"三通两平台"的建设，学校做得还算到位。目前，学校已经有完善的录播教室。在中小学教育中，录播教室是必要的，同时，"一师一优课，一课一名师"活动的开展也让录播教室

得到了充分利用。教师在录播教室上课的时候,无须佩戴耳麦等辅助设备,5 个方位的摄像头会根据教师的位置、声音多角度跟踪拍摄,并且录播教室中有吊麦、智能混音器全方位采集教师、学生、媒体播放或课件声音,同时具有自动降噪、自动增益功能,做到教学过程的全方位采集,而且拍摄完成后录像可通过 USB 接口保存在 U 盘或移动硬盘等设备上,真正做到教学常态化。课件在拷贝的时候有 5 个视频文件、4 个不同视角的录课视频及 1 个自动合成的课堂视频,教师可在观看后按照要求剪辑。学校教技室负责后期视频的剪辑制作,同时也会开展活动培训教师的视频剪辑处理技术,部分高要求的剪辑工作可交由教技室处理,这样的方式可以使每位教师的技能得到提升,这又何尝不是学校的一种教学特色。学校有如此完善的录播教室,几乎可以说是一键录制,应用于"一师一优课,一课一名师"的活动,应用于日常教师的磨课等方面,亦是学校的一项教学特色。

学校为顺应"一师一优课,一课一名师"活动的要求,力求在活动之中,同时创建学习型学校,促进教师专业化成长,建设学校特色教学。学校宣传开展网络教研为教师搭建了开放、平等、交互的学习研讨平台。以往集中式的传统教研逐渐向网络教研变革,所谓网络教研,即教师在"一师一优课,一课一名师"活动中,想要打磨出一节优课,需要在磨课中心反复磨课,尤其是要总结课堂实践活动中的亮点和问题,并在下次的磨课活动中进行改进,最终上出一节优质课。为提高教研实效,各位教师可通过平台搜索名师共享出来的优秀课程,与同学科教师观看讨论,取长补短,力求上出一堂更出彩的课。在日常教学中,各位教师可以将自己的优课、优教案共享到平台,与全国教师交流。通过平台,也能看到其他教师对自己课程的评价,大家互相启发,进而实现以网络为基础的网络教研。

学校教师在这个平台中获得各种荣誉,许多教师的课程都获得"部优""省优""县优"称号,各位教师互帮互助、共同进步,建立了一个良好的师资团队,这也是学校的一个教学特色。

四、多共享、多反思,提高国家教育新建设

近几年,国家更加注重教育信息化,逐渐形成"一个核心理念、两个方针的基本思路、三个层次的战略部署"的具有中国特色的教育信息化发展方向。目前的教育不仅是对学生进行文化知识的教育,更是要培养出一批创新型的人才,所以国家的教育也要多元化、创新化、信息化,像"一师一优课,一课一名师"这样的平台在全国广泛应用,在一定程度上实现了创新型的教育,符合国家教育的发展趋势,不仅方便了教师,而且培养了一批随时能发现新事物的学生。教师共享自己的教学经验,全国名师之间互相切磋,反思课程，这样长期的积累，促进了教师的全面发展、个性化发展，增强了文化软实力积淀。

教学本身没有好坏之分，没有最好，只有更好，所以不仅学生要不断进步，教师也要不断进步，教师的进步就是学校的进步，每个学校的进步就是国家教育事业的进步。所以要将"一师一优课，一课一名师"等好的平台应用起来，这样的平台不仅是一个自我展示的舞台，更是一个共同进步的平台，所以需要多多宣传，激发广大教师对教育事业的积极性和创作热情，毫不吝啬地与大家一起分享成果，相信在不久的将来，我国的教育事业将呈现出新格局。

参考文献

[1] 戴琴."一师一优课"活动下信息技术老师辅助录课的几点思考 [J]. 中学课程辅导，2018(22):148.

[2] 雷朝滋. 新时期中国特色的教育信息化发展路径 [J]. 发明与创新，2014(6):1.

教学媒体技术巧促道法有效课堂

□ 苏州工业园区唯亭学校　徐旎虹

【摘　要】多媒体技术已经广泛地应用于教学活动中，在教学中利用多媒体教学虽然有传统教学没有的优势，但也存在一些问题。本文从借助教学媒体技术丰富备课资源、夯实实施过程、激活主体思维三个方面谈谈笔者在实际教学中是如何运用多媒体技术的。

【关键词】多媒体技术；道法；有效课堂

随着"互联网+"时代的发展，多媒体技术迅速兴起、蓬勃发展，其应用已经遍及我们生活的方方面面。同样，多媒体技术对教学也产生了积极的效应，能为师生提供较理想的教学环境。笔者作为一名道德与法治（以下简称"道法"）的一线教师，越发觉得将理论性强、内容抽象的道法课上得生动、有趣、高效，离不开多媒体技术。教学媒体技术以图文并茂、声像俱佳、动静皆宜的表现形式，可以大大增强学生对抽象事物与过程的理解与感受，有效地激发学生学习的兴趣，让课堂进入一个全新的境界。它对提高道法教师的课程建设意识和备课质量，增强教学的生动性、有效性和提高学生的创新能力具有重要意义。

一、借教学媒体技术，丰富备课资源

备课是教师根据教学的需要，为完成教学任务形成教学能力所做的一切准备工作。备课是教学工作全过程中的一个重要环节，备好课是上好课的重要保证和前提。道法课内容大多数是抽象、枯燥的，需要用形象、直观、生动的案例予以补充，因此，在课前对教学素材的搜集和整理对我们道法教师而言是非常重要的。网络为道法教学提供了丰富的素材，并且查找起来更为方便和迅速。例如，在准备"延续文化血脉"这一课时，由于教材仅仅是围绕理论而言，教材本身图片不多，有些也已经过时，无法凸显本课的重难点，于是笔者就利用"百度"搜索到了大量关于我国传统文化的图片和视频，并且精心制作成了课件。这样的教学内容也不再局限于教材与教学参考资料，丰富的网络资源为教学的有效性提供了有力的保障，使课前准备更加充分。除此之外，教师还可以利用微信群、教育博客等网络工具，展开备课研讨，齐心协力、共同查找素材或一起解决教学中的难题，进一步丰富备课资源，进而有效上课。

二、借教学媒体技术，夯实实施过程

在上课的过程中，可以通过借助多媒体技术，引发学生的课堂兴趣，提高教学效率；也可以通过多媒体技术创设情境，感染学生的情感，但由于过于迷信"多媒体技术"，一味追求表面上的新颖、花哨、动感等效果，利用一切所能利用的多媒体，课堂上的确热热闹闹，学生大开眼界，但真正需要学生掌握的知识要点反而被弱化了，使得教学实效适得其反。笔者认为在借助多媒体技术时，一定要选材适当、典型，紧扣教材，突出重点、难点，掌握好分寸，夯实好实施过程。比如初三"夯实法治基础"这一课，初三学生对法治这个词语并不陌生，知道要守法遵法，但涉及法治的内涵、原因、如何实施等具体内容时，他们便会觉得很空洞、抽象。所以在制作课件时，笔者原本是将这一课中的每一个知识点都用相关的图片、视频等给予补充，结果发现在上课过程中大多数学生只关注课件，抛弃了书本，一节课就这么过去了，真正掌握了多少可想而知。于是在第二次上课之前，笔者对课件做了些修改，将PPT做了大量的删减，只有在讲到重点、难点时，才借助多媒体技术予以补充，比如讲到依法治国的基本要求——有法可依、有法必依、执法必严、违法必究时；又比如提到依法治国的重要性时，笔者利用网上的一些时事新闻、《民法典》的相关视频，分析法治对个人、对国家的重要作用，这既有利于学生的自我分析能力和解题能力的提高，又有利于学生对书本知识的充分掌握，可谓"一石二鸟"。同时对于知识点零散的课文，笔者还会借助希沃的思维导图形式帮助学生一起巩固，建立知识构架，或运用希沃中自带的小游戏巩固学生一节课的所得。所以，在课堂上借助多媒体技术，一定要用在实处，不能光走形式，要使课堂真正有效。

三、借教学媒体技术，激活主体思维

在教学过程中常遇到这样的情况：学生上课不认真听讲，注意力不够集中，该怎么办？学生是课堂教学的主体，如果因为教学内容的枯燥、无聊，导致他们无法真正地参与到教学环节中去，那实在是教学的失败。如何将知识直观地呈现在学生面前，使抽象的内容具体化，让他们迅速而准确地把握，从而又能受到美的熏陶，提高对美的感受能力呢？在实践过程中，可以借助多媒体技术，通过多媒体技术固有的特点（光、声、色、像），激发学生的学习兴趣，激活学生的思维，更好地完成教学目标，实现学生身心的和谐发展。比如，以八年级第四课"诚实守信"为例，可以通过《木偶奇遇记》里主人公匹诺曹因为经常撒谎而鼻子变长的故事活跃课堂气氛，借助PPT将匹诺曹鼻子变长前后的图片进行对比，从而引发学生对诚信问题的深思，感悟诚信的重要性。也可以借助多媒体教学手段在课堂上播放关于不讲诚信的短视频，有效地深入本课的焦点话题"诚信"。再比如，在讲授"预防犯罪"一课时，课前让学生玩一个简单的电脑游戏，短短的几分钟就让学生感受到了电脑游戏的诱惑，非常自然而又顺利地进入本课的学习，之后再设计几个问题：①在生活中除了电脑游戏的诱惑外，还存在哪些诱惑？②如何看待这些诱惑？③这些诱惑对我们有什么影响？由于问题及事例都贴近学生生活实际，学生都踊跃发言，课堂气氛顿时活跃。借助学生对计算机的兴趣，以此来激发学生学习的主观性思维，主观性思维一旦被激发，他们的接受力会变得有效。

所谓"有效"，主要体现在通过教师一段时间的教学，学生所获得的具体进步或发展方面。教学有没有效益，并不是指教师有没有教完内容或教得认不认真，而是指学生有没有学到什么或学生学得好不好。如果学生不想学或者学了没有收获，即使教师教得再辛苦也是无效教学。同样如果学生学得很辛苦，但没有得到应有的发展，也是无效或低效教学。因此，学生有无进步或发展是衡量教学有没有效益的唯一指标。只有当教师真正熟悉了教材内容，吃透了其中的难点、重点，才能充分发挥多媒体教学的优势，提高课堂教学质量，让学生能够真正获得有效的进步。

参考文献

吴前明. 多媒体教学新论[J]. 时代教育，2008(5)：114.

巧用微课构建智慧课堂，促进学生深度学习

□ 苏州高新区实验初级中学　臧美凤

【摘　要】随着"微"时代的到来，微信、微博、微小说、微访谈、微电影逐渐进入了人们的生活，改变着人们的生活方式。在这样一个时代，"微课"应运而生。微课的普及，促进了中小学课堂的变革。本文以初中信息技术课程为例，就什么是微课、什么是智慧课堂，为什么要用微课来构建智慧课堂，如何用微课来构建智慧课堂提出了自己的思考，抛砖引玉，期待为更好地构建微课形式的智慧课堂献出自己的一份力量。

【关键词】微课；学习效率；智慧课堂

一、引言

学习效率是判断学习活动有效性的一个关键指标，教育专家对于学生学习效率的探索是一个永恒的话题。多少年来，教育从业者一直在孜孜不倦地奋斗着，努力想找寻一种最优化的教学模式以期待优化学与教的关系，让学习过程可以更加轻松高效。《教育信息化十年发展规划(2011—2020年)》中指出，"教育信息化的发展要以教育理念创新为先导，以优质教育资源和信息化学习环境建设为基础，以学习方式和教育模式创新为核心"。运用信息化的手段搭建智慧课堂，其教育方法能否创新、能否落到实处将直接决定教育改革的成败。

自从教育产生以来，如何进行高效率学习是教育专家和各级教育从业者们一直在探索的问题，但是现实是很多学习者缺乏学习动力，对所学内容不感兴趣，他们多数情况下把学习当成一件苦差事，学习对他们来说是一件无比痛苦的事情，学习效率特别低下，多数情况下是事倍功半。

尽管当前的很多教学目标已经把"记住某个知识点"改为"记住某个知识点并且会运用",但是在这个层面上,学生还是被动的学习者,他们总是被动地接受知识,被动地去解决问题。传统教学模式无法激发学生的学习热情,无法充分发挥其主观能动性,如何激发学生的学习热情,提升学生的学习效率,是当前教育面临的最大问题。

二、何谓智慧课堂?

"微课"是我国黎加厚教授受到国外教学形式的启发,通过研究与实践,总结出来的一种教学方式,主要表现形式是教师在课前根据本节课的重点、难点,录制一段10分钟以内的小视频。这段视频可以是录制屏幕的PPT演示过程加上配音讲解,也可以是在白纸或者黑板上进行书写再加上讲解。学生在家里或者在学校的某一个时间进行自学,回到课堂后对一些不能理解的问题进行分组讨论;针对学生仍不懂的问题,教师可进行小范围的讲解,最后让学生进行针对性练习。这种教学形式也被称为"翻转课堂"。这种教学模式将课堂和课下的学习活动颠倒了过来,需要视频课程的支持。微课这种形式,可以从根本上避免传统课堂的某些弊端,提升学生的学习效率,接受能力强的学生可以很快掌握当前内容,然后投入新内容的学习;接受能力差一点的学生可以反复地观看视频,直到学会为止。微课的使用,可以让智慧课堂更加人性化,真正地关注每位学生的成长,帮助学生提升学习效率。

智慧课堂的说法来源于智慧教育,智慧教育由华东师范大学祝智庭教授首先提出,他主张借助信息技术的力量,创建具有一定智慧(如感知、推理、辅助决策)的学习时空环境,目的是促进学习者智慧的全面、协调和可持续发展。

智慧课堂最重要的特点是创设学生喜爱的教学情境。教育者要时刻牢记"以学生为中心"和"轻松愉快、高质高效"的课堂构建理念。智慧课堂成功与否的关键在于教学目标和教学模式是否按照智慧教育的模式来定位和构建。

三、为什么要用微课来构建智慧课堂?

把"微课"引入信息技术课堂,可使课堂教学更加高效、生动、活泼。"微课"学习,使带有一定强制性的教学过程转变成学生高效的自学,使学习者在小组合作中的体验与情感结合起来,学生的学习兴趣高涨,注意力更加集中,思维更加活跃,从而更好地掌握知识、发展技能。"微课"学习,在当前信息技术课堂教学中已逐渐成为一种教师所认可的教学形式,是时代发展的需要,是当今课程改革的需要。

笔者认为教育最重要的是让学生发自内心地热爱学习,强化创造性思维,对这个世界有自己的判断力，不迷信和盲从教师，会自己去发现、去构思、去综合应用。只有当学生真正体会到凭借自己当前知识储备不能更好地认识这个世界时，他才会有求知的欲望，他才会真正对课堂感兴趣，从而真正地提升学习效率。而这一点，正是当前教育所忽略的。当前的教育节奏太快，太功利化，缺少对学生的生命教育，缺乏人文关怀。微课形式下的智慧课堂倡导学生去发现问题，给学生真实的情境去获取新知识，但是这种模式对教育者的素质有较高的要求，教育者需要对已有的教学目标进行细化和补充，创设更加真实和有吸引力的情境来促进学生的学习。

学生可根据实际情况自主确定学习进度。教师将学习的视频分发给学生，学生可以根据自己的时间，自由地确定学习本节课程的时间，不必像传统课堂上那样只能跟着教师的进度走。同时，学生在利用视频学习的过程中，可以根据自己的实际情况，选择视频播放的进度，容易的、已掌握的内容可以选择快进，没学会的可以重复播放，直到学会为止。

四、如何用微课构建初中信息技术智慧课堂？

信息技术课程以其独特的学科特点成为教学改革的先行军。笔者认为，建构微课形式下的智慧课堂，一般思路有如下几点。

(1) 全面梳理学习者在学习活动中出现的问题，并分析根本原因。

(2) 分别从教学目标和教学模式两个维度尝试去解决学习活动中遇到的问题，确定解决思路。

(3) 思考如何在信息技术手段的支持下组织最优化的学习活动。

(4) 根据课程的实际需要来选择信息技术的应用方式和信息化的支撑环境，不能滥用技术，也不能纯粹地为了展示技术而使用技术。

下面笔者结合自己信息技术课堂的教学实践，分享一下如何利用智慧课堂的指导思想来构建微课形式下的智慧课堂。

表1 微课提升课堂效率的步骤与案例

步骤	案例
步骤一：全面分析当前课堂中存在的问题，并尝试构建解决方案	"信息的数字化"是初一上学期的教学内容。主要学习二进制的加法、二进制与十进制之间的转化，以及字符编码。部分学生小学阶段已经初步学习过二进制与十进制之间的转化。这部分内容对他们来说比较容易接受，很大一部分学生之前没有学习过相关的内容，二进制与十进制之间的转化对他们来说非常难，不太好掌握。本节课最适合的方法就是分层教学，学生可根据自己的基础，自主选择对应难度级别的学习任务。 教师在上课之前可根据本课的重难点制作几个微课，分别讲解二进制的加法法则，十进制转化为二进制、二进制转化为十进制的法则。另外还有拓展任务，供学有余力的学生来完成。 这些学习任务，有的学生看一遍微课就能掌握了，有的学生可能要看好几遍才能完全掌握。学生可以根据自己的实际情况来选择看几遍微课视频，以及完成对应的学习任务
步骤二：以教学目标和教学模式两个维度来尝试解决问题，确定思路	教学模式：基于魔灯（Moodle）平台和 WebQuest 教学网站，学生以自主学习为主，可根据自己的实际能力选择适合自己的学习步调。 本节课学习目标：掌握二进制的加法运算；了解常见的进制；掌握十进制与二进制之间的相互转化；根据自己的学习能力选择合适的学习资源。 教师将事先制作好的微课上传到魔灯平台上，学生自行下载观看。导入的第一节新课是关于生肖的魔术，魔术以交互式数字化游戏的形式呈现。魔术师展示4组生肖卡片，跟学生互动，然后让学生分别选择他们的生肖在不在魔术师展示的卡片上，展示4组卡片之后，魔术师就可以"算"出学生的生肖。学生觉得很神奇，对本节课的学习任务充满了期待。接下来学生点击第一个视频，关于首饰店选购砝码的实际问题，进而引出关于二进制的基础知识。学生学习完这视频之后，在计算机的交互软件上和小博士进行互动并进行简单的小测试，测试过关的学生自动进入下一个知识点的学习；测试不过关的学生重新学习本知识点，然后在交互学习软件上进行测试。 第二节微课是二进制与十进制之间的相互转化，微课利用举例加演算的方式将这个知识点讲解得很透彻。学生自主学习微课，然后跟小博士进行互动，完成对应的测试。接下来是关于字符编码，也是以微课的形式呈现的。 所有知识点都学完的学生，最后一关是智力游戏"一站到底"，模拟电视节目"一站到底"的形式，教师自己开发一个互动软件，声音效果、答题形式和电视上的一模一样，可以激发学生的学习兴趣和战斗力。实践证明，这种形式确实可以很好地提高学习效率。本节课测试下来，学生的过关率达百分之九十九。学生觉得这样的课堂形式很好玩，虽然任务有难度，但是自己全力以赴地去完成，最后学到了新知识，很开心。

续表

步骤三：根据课程的实际需要来选择信息技术的应用方式和信息化的支撑环境。	本课学生的学习活动进行得非常顺利，不管是刚开始的魔术，还是后面的视频微课，学生一直都充满着期待，所以整节课的课堂效率非常高，加上最后"一站到底"的游戏竞争环节，学生学得非常起劲。接受能力强的学生不仅学完了教师提供的所有的视频课程，还学习了教师提供的一些拓展资源，开阔了视野。 笔者所在学校用的是多媒体的网络电子教室，配备多媒体展台、投影，学生每人一台电脑，连接互联网和局域网，学生之间、师生之间是可以相互访问的。 笔者给学生提供自己创建的魔灯平台和WebQuest教学网站，上面有丰富的资源和链接，学生在学习过程中有任何的问题，都可以到上面去看相关的文字说明或者视频教程。以四个人为一个小组，异质分组。小组成员之间相互协助。 全体学生按照提出问题、分析问题、解决问题的思路来共同探讨思路和解决问题。

五、结语

随着翻转课堂、慕课和在线教育等多种教学形式的兴起，我国的教育信息化已经初见成效，对应的软硬件和基础设施也日趋完善。以前说信息技术与课程整合，但是整合的效果不是很理想，衔接生硬，为了技术而技术；现在不谈整合谈融合，要深度地融合。不管怎么说，教学活动的初衷都没有变化，教是为了学生能够更好地学。通过笔者的自身实践，微课确实可以解决传统课堂的某些弊端，信息技术手段确实可以提升学习的积极性，把"要我学"变为"我要学"，从而大大地提升学生的学习效率。智慧教育理念指导下的智慧课堂是为了帮助培养学生的创造性思维，为了培养学生的学习智慧，让学习变成学生渴望的事情，让学习变得轻松愉快，让学生真正爱上学习，从而切实提高学习效率。本文就什么是微课、什么是智慧课堂，为什么要用微课来构建智慧课堂，如何用微课来构建智慧课堂三个方面，以初中信息技术课程为例，结合教学实际，阐述了个人对微课形式下智慧课堂构建的理解，由于本人水平有限，不足之处在所难免。抛砖引玉，期待为微课形式下智慧课堂的构建模式贡献自己的一份力量。

参考文献

[1] 查德清. 务本求实 简约灵动 科学有效：我看信息技术高效课堂[J]. 中小学信息技术教育，2011(6)：34-35.

[2] 臧美凤. STEAM教学模式在初中信息技术课堂中的应用：以苏州高新区实验初级中学为例[J]. 中学教学参考，2020(1)：16-18.

[3] 徐燕萍. 境脉学习：一种引导学习转型的新范式[J]. 江苏教育研究，2019(10)：23-27.

[4] Jeannette M. Wing. Computational Thinking[J]. Communication of the ACM. 2006, 49(3)：33-35.

[5] 中华人民共和国中央人民政府. 国家中长期教育改革和发展规划纲要(2010—2020年)[EB/OL]. (2010-07-29)[2019-12-20]. http://www.gov.cn/jrzg/2010-07/29/content_1667143.htm.

网络名师工作室 冯伟

领衔人简介

苏州教师信息技术培训课程专家,江苏省冯伟网络名师工作室领衔人,江苏省"十三五"规划重点资助课题主持人,苏州市景范中学数学教研组组长,曾获全国微课大赛江苏省一等奖。

工作室介绍

　　江苏省冯伟网络名师工作室，在2020年12月立项，于2021年6月正式在苏州市景范中学挂牌，工作室致力信息技术与初中数学教学融合研究，特别是在几何画板支撑下的初中数学教学融合实践研究。工作室自立项以来，成果显著，现正主持研究苏州市"十三五"规划课题一项、江苏省"十三五"规划重点资助课题一项，并正在稳步推进研究中。工作室成员撰写的多篇研究论文在国家级、省级刊物上发表，一篇论文被中国人民大学复印报刊资料全文数据库转载，一篇论文获江苏省论文评比一等奖，另有多位成员制作的微课参加全国微课大赛并获得奖项。

优化信息技术工具　助力日常教研

□　苏州市电化教育馆　　王　越

2021年3月25日，江苏省冯伟网络名师工作室在苏州市景范中学正式揭牌。当天，工作室举行了第一次培训活动，邀请了苏州大学数学系教授周超，为工作室成员讲述了"在教学过程中，如何将问题转换成为研究的方向"的主题讲座。

据了解，冯伟网络名师工作室的工作将围绕景范中学省重点资助课题"条理与想象：几何画板提升数学思维能力的实践研究"开展。在数学课堂中合理运用信息技术，可以激发学生学习兴趣，使得抽象的数学问题具体化，静态的问题动态化，复杂的问题直观化，最大限度地提高课堂效率。

江苏省冯伟网络名师工作室领衔人冯伟说："几何画板是初中数学老师用得最多的、最重要的信息技术工具之一。比如在几何的教学、函数的教学课堂中一般都会使用"几何画板"，有些学生自己也会使用"几何画板"，他们还会用"几何画板"命制一些比较难的题目来考我，这就是教学相长。不管做什么教学研究，最终的目的是要让学生受益，研究信息技术，最后还是要提升教师的教学能力和学生的思维能力。"

冯伟表示，新时代的教师要像使用黑板和粉笔一样使用信息技术。记者看到，冯伟在课堂上，借助几何画板，生动形象地突破了教学难点，利用软件绘制图形、观察图形、拖动图形，提升了学生对各种几何图形的直观认知，课堂气氛非常活跃。

江苏省冯伟网络名师工作室核心成员徐敬华说："冯伟是一位很爱研究的老师，他研究几何画板、信息技术可以追溯到十几年前，跟着他，我们经历了很多课堂，从校级课堂到市级、省级课堂。与志同道合的成员进行深度研究能够碰撞出火花，也可以提升自己的专业素养。"

据了解，近几年冯伟通过苏州教育培训网开设多项课程，为苏州市上万名教师进行了微课制作、几何画板操作等教学专业软件使用的线上培训；同时，他作为初中数学几何画板专家，在暑期苏州市课程改革培训中开设讲座。从2013年起冯老师作为苏州教育局特聘专家，五次赴贵州铜仁市开设多场讲座，以提升当地教师特别是初中数学教师的信息技术素养。

江苏省冯伟网络名师工作室导师、苏州市景范中学副校长徐娴达说："未来在工作室的活动开展中，我将和大家一起做好团队愿景和个人愿景的规划，确定工作室的发展方向，在大家开展学习交流、课例研修、主题沙龙、成果展示时提供一切必要的支撑，同时我会将自身专业发展之路上的得失分享给大家，做好大家专业成长的铺路石。"

徐娴达告诉记者，从2008年开始，苏州市景范中学对教师分梯队进行教学能力培养，冯老师找到了自己的发展方向，并取得了非常好的成果。

"双减"环境下利用微视频提高学习效率的探索

□ 苏州市景范中学　徐敬华

【摘　要】微视频技术可以让学生在家通过观看视频等方式进行自主性学习，回到学校，和教师、同学一起完成练习，巩固提高，对知识进行内化。微视频技术的应用可以解决学生个体差异导致的学习效果参差不齐的问题。本文通过实例来论述如何利用微视频提高课堂教学质量，提升教学效率，有效做好"双减"工作。

【关键词】"双减"；微视频；教学质量

《关于进一步减轻义务教育阶段学生作业负担和校外培训负担的意见》（以下简称《意见》）明确指出，"要提高学校教育质量""让学生在校内学足学好"。该《意见》明确提出"要提升课堂教学质量"，要向"45分钟"要效率。如何提高课堂效率，除了常规的教学手段外，笔者通过近几年的实践发现，恰当的利用微视频技术，可以有效地提高课堂教学质量和教学效率。

初中数学课程标准中对于几何概念教学有如下要求：能通过观察、实验、归纳、类比等方法获得数学猜想，并进一步给出证明或举出反例。观察、实验是学生获得知识的第一步，乔治·波利亚（George Polya）曾经说过，学习任何知识的最佳途径是由自己去观察发现。而在传统课堂的教学模式下，观察、实验这些对于数学学习非常重要的、本应该由学生实际参与的步骤，常常由教师来代替参与，甚至有些教师在应试教育的压力下为了留更多的时间给学生进行练习，采取满堂灌的形式。究其原因，主要还是传统课堂模式下对于学生学习时间分配不合理。近几年微视频的应用，可以让学生在家通过观看视频进行自主性学习，回到学校，和教师、同学一起完成练习，巩固提高，对知识进行内化。笔者认为,恰当地利用微视频的模式也许是目前改变上述传统课堂模式教学弊端的最好方式。以下是笔者所教授的"正方形的性质"一课。

一、课前准备

（一）自主学习任务单的设计

自主学习任务单供学生课前自主学习使用。笔者从"达成目标、学习任务、方法建议、课堂学习形式预告"四个方面做如下设计。

达成目标：通过观看微视频，操作课件，利用已经学过的平行四边形、矩形、菱形的相关性质，探究正方形的性质，理解正方形边、角、对角线及对称性等相关概念。

学习任务：自主操作课件，从正方形的边、角、对角线、对称性四个方面对正方形的性质进行探究，并完成自主学习任务单的相关习题。

方法建议：按照微视频中介绍的方法操作课件。

课堂学习形式预告相关内容。

（二）教学视频及学生自主探究课件的制作

教学视频及学生自主探究课件是帮助学生完成自主学习任务单的配套学习资源。学生在家通过网络共享视频和课件，自主完成基本概念的学习。

（1）微视频设计。

本课的教学微视频设计的是利用几何画板将一个一般形状的三角形绕着一边的中点旋转180°后形成平行四边形，先回顾了如何从边、角、对角线、对称性四个方面研究平行四边形的性质，然后将这个三角形换成直角三角形、等腰三角形后同样旋转，回顾矩形和菱形的性质；在视频结尾处要求学生自己操作课件（图1、图2），将这个一般三角形换成等腰直角三角形，再旋转这个三角形形成正方形，从上述四个方面研究正方形的性质。

（2）微视频制作及发布。

微视频制作的成本很低，只需要一台带有耳麦的计算机即可，在计算机上安装录屏软件 Camtasia Studio(6.0 版本以上)，再加上一个安静的录制环境就可以了。录制的视频格式建议设置为 MP4，分辨率不小于 1 024×768 即可。视频制作好就要发布到网上让学生下载。可以建立班级 QQ 群，把视频和课件等文件发到群里与学生共享，这样学生就可以下载并学习讨论了。

(3)共享课件。

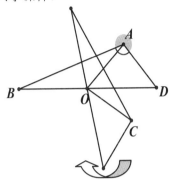

旋转复原
平行四边形、矩形、菱形、正方形

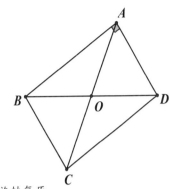

旋转复原
平行四边形、矩形、菱形、正方形

图1 课件(1)

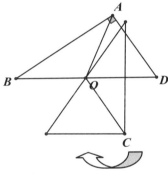

旋转复原
平行四边形、矩形、菱形、正方形

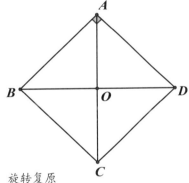

旋转复原
平行四边形、矩形、菱形、正方形

图2 课件(2)

(4)自主学习任务单习题检测。

①正方形的边和平行四边形、矩形、菱形的边相比较,有什么新的性质?为什么?

②正方形的角和平行四边形、矩形、菱形的角相比较,有什么新的性质?为什么?

③正方形的对角线和平行四边形、矩形、菱形的对角线相比较,有什么新的性质?为什么?

④正方形是中心对称图形吗?为什么?是轴对称图形吗?对称轴是什么?有几条?能证明吗?

⑤如图3所示，四边形 $ABCD$ 是正方形，点 E、K 分别在 BC、AB 上，点 G 在 BA 的延长线上，且 $CE=BK=AG$。求证：① $DE=CK$，$DE \perp CK$。

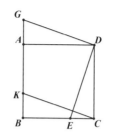

图3 习题检测图（1）

（5）设计意图。

本杰明·布鲁姆（Benjamin Bloom）认为，学习者被给予充足时间及适当的学习条件下，都能掌握学习内容并取得良好的成绩。利用微视频把知识的学习过程安排在课前，使学生可以通过自我观察、实验归纳出正方形的性质。观看视频、操作课件、探究归纳，这些活动学生都可在家自主完成，学生可以按照自己的学习水平独立掌控自己的学习进度，完成学习任务后，还可以通过任务单中的习题来测评自己的学习水平，并有针对性地进行矫正性学习，弥补知识缺漏。

笔者认为掌握学习知识的方法远比知识本身重要，授人以鱼，不如授人以渔，因此在微视频中教师没有直接告知学生正方形的性质是什么，而是讲授了探索正方形性质的方法和途径，要求学生独立操作课件能够自我探索归纳，既提高了学生参与学习的兴趣，又培养了学生自我学习的能力。

二、课堂教学

（一）课堂结构

整个课堂教学从检测自学成果开始，然后进行进阶练习，围绕进阶练习进行合作分组讨论，最后上台展示成果。

（二）教学过程

1. 检测自学成果

（1）设计习题。

在自主学习任务单中第五题所提供的图中尺规作图：以线段 DE，DG 为边作出正方形 $DEFG$（要求：只保留作图痕迹，不写作法和证明）（图4）。

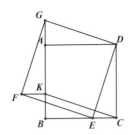

图 4 习题检测图(2)

(2)设计意图。

这一环节主要检测学生自主学习成效,主要目的是帮助学生体验学习成就感,对已经掌握的知识进行再次回顾,从而为接下来的进阶作业挑战做好心理准备,因此难度不大。

2. 进阶练习

(1)设计习题。

在这个环节中,笔者要求学生利用学到的关于正方形性质的知识完成以下练习:在刚刚所作图中,①连接 KF,猜想并写出四边形 CEFK 是怎样的特殊四边形(图4),并证明你的猜想;②若 $\dfrac{CE}{CB}=\dfrac{1}{n}$ 时,计算 $\dfrac{S_{\text{正方形}ABCD}}{S_{\text{正方形}DEFG}}$ 的值。

(2)设计意图。

在完成自主学习任务单和课堂检测的基础上,让学生当堂完成课堂作业。进阶作业有助于学生学习的深度拓展,使得分析并解决比较复杂的问题的能力得到发展。和自主学习单上的相关学习检测及课堂检测相比,进阶练习的难度有所增加,可能不是每个学生都可以很好地完成这些练习,这是正常的,可以让学生在下面的合作分组讨论中解决。

3. 合作分组讨论

(1)教师思路引导。

①四边形 CEFK 从图4中猜想应该是平行四边形,回顾要证明平行四边形有哪些方法?②求两个正方形的面积,思考正方形的面积是怎么计算的,和哪些线段有关?

(2)小组合作探讨。

采用分组合作探究的方法,用讨论的形式,让小组内掌握得较好的学生做小老师,帮助还没解决问题的学生共同提高。

（3）设计意图。

"学习金字塔"（The Learning Pyramid）表明，讲授法并不是理想的教学法，仅靠教师讲授获得的学习效果是很低的。理想的高效学习方式是建构主义主动参与式学习，即学生主动向他人讲授（对所学内容的直接运用）。

4.展示协作学习成果——上台讲题

三、课后思考

（一）恰当利用微视频确保了学生在学习过程中的主体地位

以学生为学习过程的主体是现代教育观的基本要求，如何处理好教师的教与学生的学之间的关系是每个教育者都应该关注的问题。使用微视频从教学结构上保证了学生学习的自主性，利用视频可后退、快进、暂停等的技术属性，学生可以自主掌控自己的学习进度，使之与自己的学习基础相匹配；利用共享的网络，教师还可以把制作好的课件发布给每个学生，把课件的使用权转移到学生手中，真正使学生可以自主观察、发现和探索，让课件跟着自己的思维走。而在课堂上，学生分组后可以独立思索、自由探讨、勇敢表达，达到知识内化、能力提升的目的。

（二）恰当利用微视频对提高教师的信息技术素养提出了新的挑战

信息技术整合教育教学已经倡导很多年了，但是作为信息技术的使用者——教师，还没有真正地把信息技术融合到平时的教学过程中。制作一个微视频的过程中，信息技术无处不在，没有良好的信息技术素养，教师就无法制作视频和课件，无法发布共享视频和课件……微视频的制作，对提高教师的信息技术素养提出了新的挑战。信息技术和教育教学的深度融合是一场无法抗拒的革命。

（三）使用信息技术要避免其负面作用

微视频技术的应用势必会增加学生课外接触网络的时间，这就需要教师制作短小精悍的微视频，同时需要家长和社会配合做好"双减"工作，家长要指导孩子合理利用好在家时间，加强孩子网络行为监管，及时发现、制止和矫正孩子的网络沉迷行为。

四、结语

教育信息化是教育现代化的必要条件，《教育信息化十年发展规划（2011—2020年）》指出，"教育信息化的发展要以教育理念创新为先导，以优质教育资源和信息化学习环境建设为基础，以学习方式和教育模式的创新为核心"。目前在我国苏南地区，经济的高速发展为优质教育资源和信息化学习环境的建设提供了必要的物质支撑，为微视频的发展提供了可能。基于微创视频的课堂教学模式正在引起教育模式的变革，相信这种模式会在"双减"工作中做出应有的贡献。

命题借模型 磨题用画板
——例谈利用几何画板命题

□ 苏州市景范中学　冯　伟

【摘　要】几何画板具有可以直观显示动点运动过程的特点，笔者通过运用画板中"点的值"功能，借助同一个基本图形，通过对试题的多次打磨，命制出两道形同质异的期末联考大题。

【关键词】几何画板；基本图形；"点的值"；动点；命题

几何画板能够动态呈现几何对象的位置关系及其运动变化规律，并且在运动中保持图形几何性质不变。因此几何画板成了数学教师用来教学、研究和命题的重要工具。笔者曾有两次机会为初一年级下学期的期末多校联考命题，在这两次命题过程中，笔者通过巧妙运用几何画板中"点的值"功能，从学生已有的知识背景出发，利用同一个基本图形，成功命制出两道具有明显区分度的全卷大题。现结合这两道试题的命制过程，介绍一下几何画板在这两次命题活动中所起的作用。

一、几何画板"点的值"功能简介

几何画板经过几次升级后在 5.0 的版本中引入了"点的值"功能。所谓"点的值"，简单说就是点在路径（线段、射线、直线、弧、函数图像、多边形等）上的相对位置，比如自 A 向 B 绘制一条线段 AB，点 C 在线段 AB 上，点 C 可以与点 AB 重合，点 C 的值就是线段 AC 与 AB 长度的比值（图1）。而在图2中，点 E 的值就是点 E 从点 A 出发经过点 B 绕着

四边形 $ABCD$ 运动到现在的位置所走的路程与四边形 $ABCD$ 周长的比值。

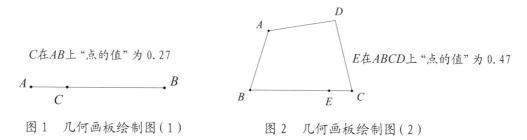

图 1　几何画板绘制图（1）　　　图 2　几何画板绘制图（2）

几何画板不仅可以动态度量动点的值，还可以通过某些经过计算的数据反过来绘制在图形上的动点。

二、确定考点，选取模型

（一）根据学生学情确定考查内容

这两次考试涉及的知识点均为江苏科学技术出版社所出初一年级下学期教材上的全部数学几何内容加上全等三角形的判定和性质，不包含轴对称，因此基于学生现有的学情和试卷布局的要求，最后一题笔者定为考查学生全等三角形的相关知识。

（二）选取合适的基本图形作为命题基础

初一的学生刚接触几何不久，能利用的基本图形并不多，主要是诸如"手拉手"模型，"一线三等角"模型等。笔者在初次命题时选定了"一线三等角"模型。

如图 3 所示，可以表述为在梯形 $ADEB$ 中，$AD \perp l$，$BE \perp l$，垂足分别为点 D、点 E，点 C 在 l 上，$CD=BE$，$\angle ACB=90°$。

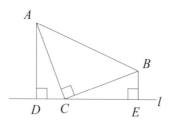

图 3　几何画板绘制图（3）

三、初稿打磨到确定终稿

（一）对基本图形的再研究

对于如图 3 所示的图形，大部分学生是熟悉的，这类图形也是教师在教学中必讲的内容，学生通过条件可以很容易地推导出 $\triangle ADC \cong \triangle CEB$，因此必须要对这个基本图形进行再次研究。笔者将如图 3 所示的图形用几何画板绘制于电脑屏幕上，找到线段 AB 中的点 O，作直线 CO（图 4）。对于图 4，笔者发现一个结论：直线 OC 将梯形的面积和周长同时等分。

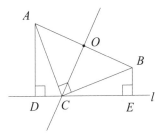

图 4 几何画板绘制图（4）

（二）形成初稿

已知如图 4 所示的梯形 $ADEB$ 中，$AD \perp l$，$BE \perp l$，垂足分别为点 D、点 E，点 C 在 l 上，$CD=BE$，$\angle ACB=90°$。

（1）求证：$\angle ACD = \angle CBE$。

（2）若 $DE=8$，求梯形 $ADEB$ 的面积。

（3）求证：直线 OC 将梯形的面积和周长同时等分。

对于初稿，经过和审题老师讨论，认为初稿从知识层面看，主要考查全等三角形的判定及性质，是初一几何学习的重点知识；考查了证明线段相等、角相等现阶段常见的数学方法；难度逐级递进，引导学生不断运用平时学习过程中积累的解题方法进行深入思考。

（三）打磨初稿

对于初稿中前面两个小题，审题老师认为是合适的，但是对于第 3 小题，审题老师认为这样设计问题太直接，学生答题的思考方式也比较单一，作为压轴的最后一小题，思维容量也稍显不够。因此对初稿要进行打磨，借助于几何画板，笔者决定在第 3 小题中做如下修改：如图 5 所示，隐去直线 OC，在梯形边上增加一个动点 P，以点 O 为起点绕着梯形作逆时针循环运动，度量出点 P 的值，取这个值的相反数作为另一动点 Q 的值。由此得到第二稿：

如图5所示，点P和点Q同时从点O出发，点P按照逆时针方向，点Q按照顺时针方向绕着梯形ADEB循环运动，两点的速度都以秒为单位，结果发现，在运动过程中，这两点都在梯形某条边上的某点相遇，请你找到这个点，并说明理由。

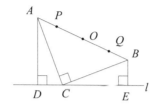

图5　几何画板绘制图（5）

（四）确定终稿

对于第二稿，审题老师一致认为本题要求学生通过点的相遇推导出点的路程和图形周长的关系，这样设计问题比初稿有提高，但还是感觉难度较低，P、Q两点的运动比较单调，学生很容易想到在点C处相遇。针对以上意见，笔者决定将这两点的运动从环形相遇改成环形追击，利用几何画板进行如下修改：点P不变，点Q的值从原来为点P值的相反数改为点P值的3倍，此时，在画板上可以发现两点还是在点C处相遇，由此得到第三稿：

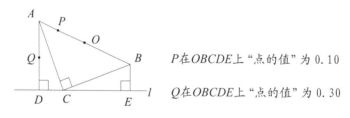

图6　几何画板绘制图（6）

如图6所示，梯形AB边中点O处有两个动点P、Q同时出发，沿着O→A→D→E→B→O的方向移动，点P的速度是点Q的3倍，当点Q第一次到达点O时，两点同时停止移动。移动过程中，点P能否和点Q相遇？如果能，则用直线a连接相遇点和点O，并探索直线a与AB的位置关系，写出推理过程；如果不能，写出理由。

对于第三稿，有组内老师提出，如果点Q运动到O处停止，学生会认为两点的相遇

点不仅是点 C，也包含点 O，经过讨论，决定让点 Q 运动到点 B 处就及时停止，最终定稿为：

如图 6 所示，设梯形 $ADEB$ 的周长为 m，AB 边中点 O 处有两个动点 P、Q 同时出发，沿着 $O \to A \to D \to E \to B \to O$ 的方向移动，点 P 的速度是点 Q 的 3 倍，当点 Q 第一次到达 B 点时，两点同时停止移动。

①两点同时停止时，点 P 移动的路程与点 Q 移动的路程之差为 2 m（填"<"、">"或"="）。

②移动过程中，点 P 能否和点 Q 相遇？如果能，则用直线 a 连接相遇点和点 O，并探索直线 a 与 AB 的位置关系，写出推理过程；如果不能，写出理由。

四、再次命题

2021 年初一期末的联考，笔者应学校的要求参与命题，面对同样的学情，对于最后的大题，笔者决定还是在同一个基本图形（图 3）的基础上进行图形变换。

（一）基本图形变换

在进行期末复习的时候，学生都已经练习过上题，因此如果期末考试把图 3 原封不动直接进行命制的话，对于其他参加联考的学校是不公平的。因此，笔者决定利用几何画板，对图 3 进行变换：保持线段 AC 和线段 $BC(F)$ 相等且互相垂直这两个性质不变，将 $\triangle BCE$ 向左平移一段距离，得到如图 7 所示的图形。

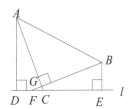

图 7　几何画板绘制图（7）

题干表述学生宋某用计算机作图：在直角梯形 $ABED$ 中，$AD \perp DE$，$BE \perp DE$，梯形内部线段 AC 和 BF 相等且互相垂直，交于点 G。

（二）初步设计

在这样的条件下，$\triangle ADC$ 和 $\triangle FEB$ 全等还是成立的，由全等可以推导出四边形 $ADFB$ 和四边形 $BECA$ 面积相等，由此可以设计出题目的前面两小题：

（1）宋某通过度量发现四边形 ADFB 的面积和四边形 BECA 的面积相等，你知道为什么吗？请说明理由。

（2）已知 DE=10，CF=3，求四边形 ABCD 的面积。

（三）最终定稿

在确定前面两小题后，笔者用几何画板度量验证了四边形 ADFB 的面积和四边形 BECA 的面积，同时度量了这两个四边形的周长，发现这两个四边形的周长也是相等的，因此决定就利用这个结论，通过几何画板引入两个动点，分别在这两个四边形边上循环转动（图8），点 M 从点 A 出发，按照逆时针方向，点 N 从点 B 出发，按照顺时针方向，两点的速度相同，在循环转动的过程中，笔者发现：①点 M 到达点 F 和点 N 到达点 C 的时间是相同的；②点 M 和点 N 相遇在 AB。

根据上述结论，笔者确定最后一小题。

如图8所示，宋某用计算机引入两个动点 M、N，使点 M 从点 A 出发，按照逆时针方向沿着四边形 ADFB 循环转动，点 N 从点 B 出发，按照顺时针方向沿着四边形 BECA 循环转动，他发现点 M、点 N 只要满足同时出发，按照同一速度运动，那么这两点每次总会相遇在同一个位置，请你找到这个相遇点的位置，并说明理由。

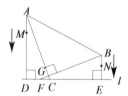

图8　几何画板绘制图（8）

（四）结果分析

以上是笔者利用几何画板两次命制初一年级期末联考大题的完整历程，笔者预测两道题目的难度都是0.3，实际测试难度分别为0.32和0.29，与预测相当接近，而且几乎每个班级都有一到两名学生拿到满分，应该说这两题都起到了很好的区分作用。还有一部分学生在考完后说，这样的题目比那些常规直接考全等的题目要好玩有趣，很喜欢这样的题目。初一数学备课组同事评价：这两题通过引入动点，在动态的过程中考查了学生化动为静的能力，把全等三角形的判定和性质的考查渗透在动点运动中。两题来自同一个基本图形，考查的又都是全等的内容，但两道题目的内核完全不同，形同而质异。

五、命题感悟

（一）几何画板的巧妙运用让命题事半功倍

这两道题目的成功命制，得益于几何画板在图形变化和运动中的强大功能，让笔者清晰捕捉到图形在变换中的一些不变的量，比如面积和周长，而且利用几何画板中"点的值"功能，轻松构造出相关的动点，按照命题者的命题思路进行运动，展现出预设的结果，从而生成有效的数学问题，成就高质量的试题。

（二）重视基本图形，善于将基本图形进行几何变换

在解题教学时要求重视基本图形，同样，在命制试题的过程中也要重视基本图形，如果把命题过程看成是建造一座大厦，那么基本图形就是这座大厦的地基。几何基本图形蕴含了丰富的几何性质，是进行数学命题的重要载体和基础，通过将基本图形进行合理变换，改变相同图形的条件背景、交换条件和结论的位置等，就可以使其成为数学命题活动中重要的素材。在这两次命题活动中笔者选取的是同一个基本图形，即 K 形，而后将图形中三角形进行平移变换，引入动点的元素，就使得这个很常见的基本图形生成了新的问题素材，从而完成命题任务。

（三）反复打磨是命题质量的保障

玉不琢不成器，一道好的试题不可能一蹴而就，必须有一个不断打磨的过程。对试题进行打磨就是对已命制题目进行反复修改、优化，从而锤炼出能实现考查目标、发挥应有功效的试题。打磨试题的过程对于命题者来说是比较痛苦的，古人诗云，"吟安一个字，捻断数茎须"。对于这两道试题，笔者同样经历了痛苦的磨题过程，特别是第一道题目，经历了初稿、第二稿、第三稿（终稿），三易其稿，其间还有一些小的修改。但正是经过如此痛并快乐的打磨，才会让人回味无穷。而且这对于命题者来说，也是一个不断学习和提高的机会，因为有了对第一道题目的命制经验积累，所以笔者在命制第二道题目的时候，才能够很快想到要引入动点元素，并及时捕捉到图形运动过程中不变的面积和周长等结论，使得整个命题过程比较轻松和顺利。

网络名师工作室 杨军

领衔人简介

杨军，中小学高级教师，中国青少年科技辅导员协会理事、江苏省中小学综合实践教育专业委员会常务委员。苏州市姑苏区科协兼职副主席，姑苏区少年宫副主任（正校职），姑苏区青少年科技创新教育协会会长；全国青少年机器人等级考试题库专家，苏州市市级中小学课程基地建设指导专家，苏州市STEAM教育项目专家库成员。先后被评为中国青少年科技辅导员协会优秀组织工作者、江苏省知识型职工标兵、江苏省全民科学素质工作先进个人、江苏省优秀科技辅导员、江苏省优秀青少年科技教育校长、苏州市优秀教育工作者、苏州市知识型职工，并获得苏州市五一劳动奖章、苏州市劳动模范等称号。编写校本教材《小小程序员》，参编校本教材《科学伴我玩》。主持全国教育信息技术研究2018年度重点课题"基于STEAM教育理念的'童趣AI'课程开发与建设研究"、省教育学会"十三五"教育科研规划课题"'童趣AI'课程开发与建设研究"、市教育科学"十三五"规划市重点课题。

工作室介绍

  江苏省杨军网络名师工作室为2021年江苏省教育厅确定的第二批中小学网络名师工作室之一。工作室研究方向是中小学机器人教育，以STEAM教育理念为指导，通过实践研究，培养新时代下青少年的科技创新实践能力。

  工作室基于STEAM教育理念，实现多学科教学融合，培养学生的跨学科综合能力，充分体现智能机器人教育的价值所在；针对不同年龄层儿童，逐步开展丰富多彩的课程活动，不断提升儿童的创造力；立足校情，不断开发和建设校本化的机器人课程，逐步形成体系。

杨军与机器人教育：网络给科技教育插上翅膀

□ 苏州市电化教育馆　卜雪梅

为对接教育部"三个课堂"建设中的"名师课堂"，从2020年开始，江苏省遴选公布了首批网络名师工作室，这是由江苏省电化教育馆牵头重点打造的信息化工程项目之一，2021年又通过了第二批工作室领衔人的招募，苏州占据其中的12个席位。由苏州市平江新城实验小学校副校长杨军领衔的机器人教育团队成功入选网络名师工作室。

从一名体育教师到学校科技教育的金牌辅导员，再到整个地区的青少年机器人科技教育的"引领者"，这20余年，见证了杨军与青少年机器人教育之间互相成就、不断发展的轨迹。2022年杨军机器人教育网络名师工作室的入选，让这个发展轨迹实现了向更高层次的跳跃性发展，不仅完成了校际的突破，更实现了对苏州地区十个板块小学所有学科教师的全覆盖。同时借助杨军网络名师工作室，将积累20余年的青少年机器人教育的经验向贵州、西藏等偏远地区进行有效辐射。

自1999年首次接触到机器人技术以来，小学体育教师兼学校航模队指导教师出身的杨军就开始了他长达20余年的青少年机器人科技教育的推广、普及的探索。对于杨军来说，虽然他原本是航模队员，有着很好的动手操作基础，但是航模与机器人技术、人工智能技术还是有着很大的区别的，他用了近两年的时间进行"魔鬼式学习"，迅速让自己从人工智能领域的门外汉变成一名青少年机器人教育的专业教师。他告诉记者，指导学生开展机器人相关技术的学习，是一项具有难度但又富有趣味性的工作，因为青少年机器人学习不同于传统的学科学习，它没有现成的教材，而是以一项具体的任务为基点开展学习，其将会融合数学、信息学、工程学、物理学等多学科知识，基于任务的学习，让学生提问更主动，探索也更主动。

2003年，杨军作为指导教师首次带领学校机器人兴趣小组的4名学生参加区级比赛。此后从2005年开始，杨军与平江新城实验小学校机器人队伍仿佛开启了"开挂的旅程"，区级、市级、省级、国家级、世界级比赛一路金牌。后来学校获批全国STEAM教育示范学校，并成立了"AI"课程中心，通过校本教材的编写及校内辅导员培养培训机制的建立，实现了以机器人技术、人工智能技术为主的科技教育课程的全员覆盖，江苏省网络名师工作室成立后，培养师资与编写小学一到六年级机器人教材的工作正在加速推进中。在杨军看来，他从一开始接触机器人教学，就发现这应该是一项面向全体学生、让每个学生都受益的课程，无论学生日后是否从事这个领域，在信息化、互联网、人工智能技术大发展的时代背景下，教师必须培养学生跨学科融合的能力、主动探究的意识和能力，而机器人教育恰恰具备跨学科的特点。杨军说，网络技术最大的特点就是实现了时空的突破，让名师的资源有了最大化的辐射和影响，同时还体现在教师、学生潜能的挖掘上。

杨军认为，成立网络名师工作室让他有了更多对外交流的机会和渠道，可以利用原来区域内共同体的模式（积累的成功经验）做区域外的推广。江苏省内工作室与工作室之间也加强了合作。目前工作室主要做了工作室成员专业素质的提升工作，并借助团队开发更适合不同学校学生使用的机器人教材。

杨军网络名师工作室成立以前，以杨军为核心的校内科技辅导员队伍已经建立多年，12名科技辅导员来自不同的学科，几乎覆盖了小学所有学科。语文教师钱晨说，进入杨军团队后，挖掘出了自己很多潜能，意识到不要给人的发展设限。

杨军网络名师工作室成员钱晨还说："工作室成立后，把青少年机器人教育从竞赛转为常规课程，通过机器人课程，学生将科技知识作为自己常规的学习内容。教师原先也是从各个学科走出来的，在这里我们感受到了科技教育的奇妙，它不仅是科学知识，也是跨学科知识的整合，这是一个全新的领域，对于教师来说也是全新的挑战，教师与学生一同面对挑战，一同提高，一同创新，这是工作室所追求的目标。"

新课改背景下小学信息技术教育的改革与创新

□ 苏州市吴江区绸都小学　庄　成

【摘　要】在社会环境不断变化，知识迭代与更新的速度急剧加快的当下，若不想在如此飞速发展的时代中停滞不前，就需要对当前的教育进行变革。新课程改革（以下简称"新课改"）是国家针对青少年全面发展提出的一项改革政策，其改革三大核心理念是：以人为本、提倡全人教育、追求学生的个性化发展。素质教育是面向全体学生的教育，学生的发展不是某一方面的发展，而是多方面全方位的素质发展。新课改主要在于更新陈旧观念，转变老式教育模式，重新建立完整合适的教育体系。通俗来说就是针对学习方式的转变改革，因此在一定程度上深化了教育体制改革，让教学系统实现了多方面的提升与变化，这为未来的教育发展提供了方向与动力。

【关键词】新课程改革；素质教育；教育模式

一、新课改推行的主要原因及目的

（一）推行原因

一般来说，新课改的主要原因是信息飞速发展，社会环境相较于过去发生了较大的变化，知识信息以人们无法想象的速度发展，对学生的教育应该从多方面入手，用教师的耐心和细心挖掘学生的兴趣点，用科学有效的方法培养学生德智体美劳的全方面发展，帮助学生树立起终身学习的观念意识。

（二）推行目的

新课改推行的主要目的在于培养学生的创新精神和实践能力。多年来，国家注重培养及引进创新型人才，为发展提供条件；对于信息技术这门学科而言，传统固有思想会认为其是与电子设备有关的学科，并不太适合放在中小学所学课程内，而新课改的推行则帮助越来越多的人了解到这一领域，为国家今后培养技术和管理等方面的高级专门人才提供了便利。

二、目前信息技术教学存在的问题

（一）教学方式及教学流程刻板

2022年4月，教育部颁布了《义务教育信息科技课程标准（2022年版）》（以下简称"新课标"），标志着义务教育阶段信息科技课程正式正为国家课程。此前教学方式及流程的刻板程度主要体现在教学方法和学习方法上。在教学及学习方法上，由于信息技术是近年来才被纳入独立课程的学科，对于教师、学生、家长都是一个相对陌生的领域，因此对此学科采取与其他学科相同的教学方法，这种做法打击了学生学习的积极性。

信息技术的学习一定程度上是为了引导学生构建逻辑关联，倡导真实的学习，树立正确的价值观，并建立信息意识，提高数字化的合作与探究能力，发展创新精神等，因此过于刻板的教学流程会与学科建立的初衷相悖。新课改对于习惯传统教育观念的教师来说，是教育理念上的跨越，只有及时转变传统思想，才能在改革的实践中获得进步。

（二）师生互动方式单一

师生互动是一种特殊的人际互动，是教师和学生课上课下在教学中为了达到某些目的而相互交流、相互影响的过程。不断的交流可以使教师、学生、课堂三者之间产生良好的关系，有效提高教学效率。但由于教师平时的教导过于严厉，许多学生对教师心存敬畏之心，因此害怕与教师交流；教师对于学生的学习情况、心理情况等没有大致的了解；教师与学生之间交流的形式、内容都过于单一。目前的互动形式有教师与单个学生、教师与集体学生。其实学生也会有小团体，那么这时就需要教师与小团体之间的互动、教师与团体中小领袖的互动、学生与学生之间、学生团体与学生团体之间的互动，这些互动能让教师、学生、课堂三者之间产生良性循环。

（三）教学评价形式化

很多时候，教师对学生的评价能够有力地调动学生对完成作业和学习的积极性，信息技术的教学也是如此，因此教师应该强化素养导向的多元化评价。当教师每天对学生完成的任务给予中肯的评语、鼓励的话语时，学生会根据教师的评语发现自身的问题，从而进行反思、改正，提高学习质量，而这也在一定程度上减少了教师后续的教学任务。同样，教师的评价也要做到因人而异，教师需要了解、关注每个人的学习状况和进度，针对不同情况的学生采用不同的评价标准，不能过于极端、标准过高，避免打击个别学生的自信心，标准适中会使学生放松下来，为学生创造相对轻松的学习环境。

（四）教学质量良莠不齐

由于信息技术是近些年才被纳入中小学课程的新兴学科，并且信息技术发展迅速，因此教师要快速更新专业知识，全面提高自身的教学水平。

新兴学科没有更多的教学参考书，也没有前人教育的经验可以借鉴，信息技术有其自身的学科特点，盲目借鉴其他学科的教学方式是行不通的，因此需要教师在实践中慢慢摸索。每个人的接受能力参差不齐，势必会出现教学质量良莠不齐的问题，这只能靠时间和经验的积累来解决。

三、针对目前新课改提出的解决措施

（一）开创创新型教学方式

如今出现了许多需要动手操作的学科，多数学生对于理论知识不太感兴趣，只对实践操作感兴趣。他们有的对某款游戏感兴趣，有的对某个软件感兴趣，有的则对技术设备型号感兴趣等，这些都可以作为教师教学的切入点。教师可以利用计算机进行辅助教学，从而提高课堂的教学效率，解决一些传统教学中不易解决的实际问题。

（二）开拓师生互动新途径

师生之间的互动应该改变传统填鸭式的教学模式，教师和学生无论是在课上还是课下都该保持平等地位。研究表明，教师与学生之间的交流互动能够增进师生之间的亲密关系，也能更好地引导学生理解新知识，对原有的知识进行梳理，搭建更为合理有效的认知结构。师生之间的互动效果，往往不是能够通过正常课程讲述而轻易获取的。一般增进两者之间的关系最有效、最直接的方式之一是投其所好，根据对方感兴趣的领域加以补充；而关于学生与教师之间的互动，教师可以根据学生最近较为感兴趣的东西展开交流，如最近感兴趣的游戏、软件等，可以以此为依据去了解学生，发挥教师主导作用，培养学生学习兴趣，这些都是不错的互动方式。

（三）及时追踪教学评价

教学评价是指以教学目标为依据，通过一定的标准和手段，对教学活动及其结果给予价值上的判断。其评价的范围在于两个方面：教与学。教，需要教师对课程上存在的问题与不足进行适当的调整；学，则是教师将学生在课堂上回答问题与互动中对知识的掌握情况反馈给学生或者家长，学生则需要根据教师的评价来反省自身出现的问题。教学

评价是促进学生成长、教师专业发展和提高课堂教学质量的重要手段。科学有效地进行教学评价是做出各种科学教育决策的关键。

（四）统一教学质量考核标准

1. 统一教学准备工作

教师熟悉所授课程大纲及教材，熟悉教学所需的仪器设备等，了解学生，根据学生的学习情况制定具体的授课方式和课程进度，有了完整的教案，才能保证教学的顺利进行。

2. 理论与实践相结合

科技技术方面，大多数学生往往对实操较为感兴趣，而对理论知识不感兴趣，因此教师需要结合课程本质，让学生在进行实操的同时学习理论知识，为实践任务的完成添砖加瓦。

3. 辅导教学

辅导按计划进行，保证辅导的次数和辅导的内容。辅导过程中，教师既要保持耐心、细心、热心的态度，也要让学生保持独立思考，同时要注意发现、培养优秀人才。对于基础较差或者反应较慢的学生进行重点辅导，积极鼓励，指导其掌握科学的学习方法，使其养成良好的学习习惯。

四、新课改实践效果及误区排查

（一）实施新课改所遇到的问题

新课改在科学技术学科实施方面面临着许多问题，如课程资源问题、师资力量问题等。新兴课程的资源与其他课程资源是不可比的，客观条件受到限制，导致课程的发展较为困难，信息技术设备与人员知识体系的不足导致与新课程要求存在差距。对于师资力量问题，由于涉及范围较小，师资力量薄弱，在新课改的背景下，此类课程对于很多教师来说都是一种挑战，他们需要摒弃自身原本的教育理念与方法，让自己能够与时俱进。这些问题由于受多方面限制，目前并没有较好的解决办法，需要教师慢慢探索与完善。

（二）新课改实践漏洞误区排查

1. 课堂提问的方式单调，问题简单，导致学生积极性不高

课堂提问是提高学生课堂积极性和督促学生上课认真听讲的一种方式。课堂中高效有趣的提问能够让学生迅速掌握知识，起到事半功倍的作用。但是有些教师的提问方式过于单调，例如，提问时他们会说一句"谁来回答这个问题"，伴随的往往是课堂上的鸦雀无声，谁也不作答，因此此类提问方式既费时又费力。

2.情景与实际脱节

新课改实施以来,"情景教学"受到越来越多教师的重视和喜爱。情景故事若比较丰富、生动,往往能够有效地抓住眼球。但是通过调查,有些情景再现并不符合上课内容,若课上创设的情景不合理,那么起到的效果往往适得其反,因此情景的设置应该符合实际需求,要有创新,但同时也要符合科学常识。

3.新课改的落实,耗费大量的资源

新课改的实施主要致力于全面发展学生科学技术能力,通常情况下涉及科学技术就需要有设备,因此需要大量的设备资源。但有些学生因为沉迷于技术设备,而忽略了对科学技术的学习,反而起到反作用,因此教师要加强对学生使用此类设备的把控,时刻提醒学生不应沉迷其中。

（三）课程教学效果反思

提高学生的信息素养是新课程的目标：让学生早了解计算机文化且初步掌握计算机使用方法,同时,激发学生的学习兴趣,增强创新和信息意识,既能有效地培养学生对于信息的收集、处理等多方面的能力,又能培养学生的自学能力和创造能力。虽然教材提供了相对丰富的学习参考资料,但教材只是参考之一,具体的知识需要学生通过实践活动来获得,并且教师需要针对不同情况、教学实际及教育对象做出相应的调整。只有源于教材但不依赖教材,才能在课堂中创造更好的学习氛围,为学生提供更为广阔的发展空间。

五、结语

以上是笔者对新课改背景下小学信息技术教育改革与创新策略的论述,新课改的实行,为教育的发展提供了良好的平台,让教学系统实现了多方面的提升与变化,这也是改革实行的最终目标。

参考文献

[1] 靳玉乐,张良.我国新课改以来的课程理论的发展及其影响[J].中国教育科学,2019(5):77-87.

[2] 康杰.浅谈信息科技学科概念教学中的突出问题[J].现代教学,2017(23):67-69.

[3] 姚锬玫.新课改下教师工作面临的挑战与对策研究[J].品味·经典,2022(10):88-90.

[4] 魏红云.新课改背景下小学数学信息化教学探究[J].试题与研究,2020(13):105.

[5] 洪源.新课改背景下高中信息技术教学中存在的问题及应对策略[J].中国信息技术教育,2020(22):51-52.

智能机器人软件在小学编程教学中的作用

□ 苏州市梓义实验小学校　杨明晔

【摘　要】编程教学作为小学计算机课程的一项教学任务，近年来受到教育部的重点关注。在信息技术高速发展的今天，市场对编程技术操作人员的需求越来越大，因此，在小学阶段做好编程技术的基础教学非常重要。"童趣 AI 编程"教学能点燃学生心中的智慧火苗，以有目的、有计划、丰富多彩的编程活动为载体。笔者分别从学习兴趣、逻辑思维、创新思维、动手操作能力四个方面对机器人软件在小学编程教学中的作用进行分析，希望可以对小学编程教学有所贡献。

【关键词】智能机器人软件；小学编程；教学作用

最近几年，AI 机器人软件市场的竞争日趋激烈。智能机器人软件与实体机器人编程平台最大的区别在于机器人软件增加了虚拟的机器人场景和行动功能展示区域，从而让人可以在软件上形象地观察机器人程序的运行结果。"童趣 AI 编程"教学希望学生可以通过对编程技术的学习，学会运用编程的思维分析和解决实际问题。

一、智能机器人软件有效地激发了小学生对编程的学习兴趣

大多数小学生都不具有丰富的社会经验，所以他们只会用直观的眼光和逻辑看待事物，对于编程技术这种极具抽象性的内容，小学生在认知上往往具有一定的困难。因此，让小学生在信息技术课堂上学习集枯燥、乏味、抽象、复杂于一体的编程技术，会使小学生对计算机课程的学习兴趣直线下降，学习效率自然也无法提高。探索多学科教学融合，能培养学生以多学科、多视角、多维度的方式认识世界。现代机器人软件打破了传统的编程字母、符号的限制，运用图形、流程图等程序表现形式将编程的运行界面直接展现给小学生，通过其仿真功能直观地将程序的运行效果呈现给小学生，让小学生可以更容易地进行学习。这一教学内容的设计融入了 AI 特色，体现了童趣 AI 编程教学的理念。此外，机器人软件在趣味性上有很大的优势，软件的主题设计均来源于生活，例如，"虚拟校车""虚拟火炬传递"等都体现了生活化的特征。所以，机器人软件可以有效地避开以往编程语言的枯燥和烦琐，更加契合小学生的逻辑思维，有利于培养小学生对信息技术和编程技术的兴趣。

二、智能机器人软件的应用可以培养小学生的人机交互和逻辑思维

对于小学阶段的学生来说，编程技术教学的重心应该放在掌握编程的概念性基础知识和基础结构上，注重计算机算法的教学，重点培养小学生利用算法逻辑思维和人机交互思维来分析问题、解决问题的能力。在机器人软件实际编程教学中，有了 AI 机器人软件的加持，小学生可以在教学实践中取得良好的结果。机器人软件可以根据小学生编写的程序在系统中及时地做出回应，小学生也可以根据系统的回应做出相应的修改，直至程序达到目标。在这个编程实践过程中，小学生的思维经过了"操作—思考—再操作—再思考"的人机交互重复过程，直至设计程序正确运行。机器人软件在这个人机交互的过程中扮演了一个重要的角色，引导小学生理解编程，从而培养小学生编程的逻辑思维能力。

在这里举一个简单的例子：机器人简单巡线。在程序设计中，机器人必须按照引导线行进。在实际操作中，需要在两侧和前面各放置一个光电传感器，通过判断光感值来决定执行相应程序，进而确定需要执行的步骤，达到按照引导线行进的目的。小学生必须首先思考机器人巡线时可能会出现的问题，然后利用算法的相关知识解决问题，最终以程序设计的方式达到目标。

编程的逻辑思维在结构化程序设计中可以很好地体现出来，编写程序的基本结构分为顺序结构、选择结构、循环结构三种，机器人简单巡线的程序编写运用了循环结构及选择结构。小学生必须要对机器人巡线出现的可能性进行细致、全面的逻辑思考，分析出机器人可能执行的操作，然后在掌握设计程序的基本结构和编写方式的基础上，最终运用编写程序的基础知识完成机器人简单巡线的程序设计。所以，小学生在利用机器人软件编程时要掌握迁移运用设计、检验、权衡、讨论、修正等多种科学思维，这也侧面反映了现代小学教育已经熟练地把科学、技术、工程、数学和艺术五个方面的思想和实践引入课程。AI 机器人软件系统中具备的线框类的程序设计页面可以帮助小学生锻炼利用算法和编程逻辑思维分析问题、解决问题的能力。AI 机器人软件仿真虚拟的编程环境可以直观地呈现出程序执行的情况,这也说明了学校在有意识地引导小学生进行自主学习,把小学生放在了一个主要的位置上,彻底贯彻落实以学生为主的教育理念,有助于小学生思维的启发。

三、智能机器人软件可以锻炼小学生的创新思维

创新是驱动一个国家和民族发展的动力,创新思维是人类进步的必要性思维。以往小学信息技术教学中都只进行简单的基础知识学习,触及一些简单的操作处理,而现在在小学信息技术课程中融入了编程教学的部分,且通过对机器人软件的简单了解和操作来实现教学,这恰恰是课程创新的体现,也更有助于培养小学生的创新思维。在编程设计中,想要得到最终结果,可以有多种途径,教师应当引导学生运用创新思维,发散性地思考问题,通过不一样的程序设计方式得到结果。虽然这只是一个简易的编程过程,但是实现编程过程中的分析、设计及调试等环节处处都可以体现创新思维,可以说,程序设计本身就是一个创造的过程。

智能机器人软件在设计上具备地图编辑操作项目和虚拟机器人的编辑项目,因此它在编程的创作上具有一定的开放性,而这样的开放性也直接说明了机器人软件在培养小学生创新思维方面具有一定的优势。比如在2012年广州市"易时代"3D仿真虚拟机器人竞赛中,主办方发布了以智能校车接送学生为主题的比赛,要求校车要在规定的时间内由起点驶往给定的地点接到"小学生",然后送往学校,这样才算最终完成任务。其中的任务要点为按规定的路线行驶,躲避行驶途中遇到的障碍物,到达给定的地点接到"小学生",将"小学生"送往学校。在进行编程教学时,可以运用地图编辑功能根据比赛题目的要求设计模拟出竞赛的地图,帮助小学生练习。小学生拿到地图后,首先要对地图进行观察分析,其次思考虚拟机器人校车怎样走才能用最短的时间接到"小学生"并送往学校,最后确定路线执行程序。因为对虚拟机器人校车在行驶轨迹上没有很严格的要求,所以编程具有较大的扩展性。在实际的比赛中,一部分小学生运用光电传感器和超声波来实现目标,一部分小学生运用指南针和GPS定位系统来实现目标,还有一部分小学生灵活地运用倒车功能来完成目标,大大提高了工作的效率。小学生在运用多种途径达到目标的过程中,充分地运用和发挥机器人软件的各项功能,在比赛规定的限制条件下巧妙地利用了比赛规则开放性的特点,这也正是小学生创新思维的体现。

四、智能机器人软件大大提高了小学生的动手操作能力

首先,AI机器人软件的运用大大增加了小学生学习编程的兴趣,比起以往抽象的字母、符号形式的编程软件，小学生更喜欢使用像机器人软件一样直观性和形象性比较强的软件进行学习和操作。其次，编程的教学需要理论课程和实际操作相结合，双管齐下、均衡发展，才能达到编程学习的基本要求，编写软件、硬件实操，才能让小学生更透彻地理解编程，机器人软件简单化、图形化及开放性的设计更有利于小学生的理解和操作，在编程教学实践的效率上得到了很大的提升。因此，将机器人软件运用到小学编程教学中不管是在兴趣培养上还是在编程实践上，都可以有效地提高小学生的动手操作能力。在这一方面，学校应当为小学生提供多样化的教学内容和形式，丰富课堂活动，实现理论和实践的结合。现在已经有很多学校将一半的课程改为实操教学，让小学生真实地操作机器人软件，并且在理论课上采取小组合作的学习方式，进行组间竞赛，极大地调动了小学生学习的积极性。还有一些学校在课程考察中加入了编程实操，通过让小学生设计指定的程序来实现考核。这样的教学模式能针对本校学生基础学科学习动力偏弱的特点，通过丰富多彩的课程活动，使小学生在编程项目学习过程中，实现信息、科学、劳技、综合实践活动等学科的整合学习。

五、结语

机器人软件的功能设计与小学生的认知水平和性格特点非常吻合，在小学编程教学中运用机器人软件对小学生学习编程的逻辑思维有很大的帮助，而且可以有效地培养小学生的创新思维和动手操作能力。所以，机器人软件可以为小学计算机编程教学提供更多的技术参考和教学途径。

参考文献

[1] 过震. 水中机器人软件在小学编程教学中的作用[J]. 中国信息技术教育，2019(8)：49-51.

[2] 张子济. 少儿编程在小学信息技术课的重要作用[J]. 电脑编程技巧与维护，2020(3)：7-8,11.

[3] 杨飞. 浅谈人工智能在创客教育教学中的应用和实践[J]. 科学与信息化，2019(3)：147-149.

[4] 苏颖. 基于水下机器人实践的高中劳动教育模式探究[J]. 中国现代教育装备，2020(14)：18-20.

苏州市相城区元和小学

苏州市相城区元和小学地居相城区元和街道,位于齐门北大街西,是徐图港南的相城区核心地域。学校西临千年古河道"元和塘",故名"元和小学"。自2015年正式投入使用以来,把发展信息化教育优势,打造数字化校园特色作为学校重点发展的办学方向。经全体师生共同努力,学校的信息化水平、师生的科学素养得到了长足的提升,2位教师获得"领航杯"江苏省信息化教学能手大赛一等奖,382人次在全国级、省级、市级相关学生科技竞赛中获得一等奖。学校被评为"苏州市三星级智慧校园""苏州市中小学创客实践室建设实验学校""苏州市机器人教育实验学校""苏州市科技教育特色学校""苏州市四星级智慧校园""江苏省智慧教育示范校"等。

江苏省苏州中学相城实验项目·相城中学

为深入探索拔尖创新人才培养新模式,在苏州市教育局的精心指导下,在相城区委、区政府的全力支持下,2020年9月,相城区教育局和江苏省苏州中学合作设立江苏省苏州中学相城实验项目并在相城中学落地。实验项目由苏州中学卫新校长担任总校长,由苏州中学委派管理团队主导项目推进。学校聘请苏州市教科院和苏州中学特级教师、教授级高级教师组建专家团队,对项目和课程的顶层设计进行常态化浸润式指导,实现与苏州中学教师互通、教研同轨、课程同步、学生交流。办学两年多以来,学校先后获评"中国航天科技教育联盟成员单位""苏州市教育科研先进集体""苏州市中小学社团建设先进学校""苏州市青少年脑科学探索科普联动学校"等。

常熟市石梅小学

常熟市石梅小学坐落在江苏省常熟市虞山南麓，始建于1902年，其前身为游文书院，两代帝师翁同龢曾经在这里就读。厚重的历史文化积淀，是自然与历史给予它的恩泽。随着社会发展的日新月异，学校一直紧跟时代的脉搏，与时俱进、开拓创新，奏响"改革"与"创新"的最强音。

一直以来，电化教育就是常熟市石梅小学的优势项目，在江苏省内乃至全国都起到了示范、辐射作用，先后获评为教育部现代教育技术实验学校、江苏省电化教育示范学校等。从2014年起，学校推进"基于物联网的智慧校园管理系统"，不断从学科教学辐射到校园生活，积极创建了苏州市四星级智慧校园（江苏省智慧校园示范校）。

自"智慧校园"建设深入推进以来，学校办学内涵得到进一步加强。核心团队以"智慧校园"建设统领实践，不断进行课堂探索，取得了卓著的成果。智慧教育的理念根植于百年积淀的丰厚土壤，一定能让这所老书院永葆青春活力。

常熟市实验中学

"七溪流水皆通海，十里青山半入城。"常熟市实验中学于1998年依山傍水而建，其历史渊源可上溯到国立第二中学。建校以来，学校先后获得江苏省最具影响力初中、江苏省首批和谐校园、江苏省教育装备现代化建设实验学校、江苏省示范家长学校等荣誉500多个。

学校将"立德树人"确立为发展之本，把"以人为本，和谐发展"作为办学理念，秉承"崇文尚德，明理实学"的校训，发扬"团结、务实、求索、创新"的校风，五育并举、培根铸魂、启智润心。

2018年，常熟市实验中学崇文校区、湘江校区、昭文校区一体型办学集团正式组建形成。2022年，实验中学清晖分校启用，一体型教育集团规模进一步扩大，形成"一校四区"新格局。目前，四个校区总占地面积超过17万平方米，共有119个班级，在校师生超过5000人。全校师生奋勇拼搏，开拓创新，百尺竿头宜奋起，人民满意践初心。